Francis A. Schaeffer · Preisgabe der Vernunft

Francis A. Schaeffer

# Preisgabe der Vernunft

Kurze Analyse
der Ursprünge und Tendenzen
des modernen Denkens

Edition L'Abri

Haus der Bibel
Campus für Christus
R. Brockhaus Verlag

Originaltitel: Escape from Reason,
erschienen bei Inter-Varsity Press, London



Aus dem Englischen übersetzt von
Winfried Bluth, M.A.; Bearbeitung: Gottfried Wüthrich

5. Auflage 1985

Umschlaggestaltung: Campus für Christus medienteam
Gesamtherstellung: Breklumer Druckerei Manfred Siegel
ISBN 3-417-24080-8 (R. Brockhaus Wuppertal)
ISBN 2-8260-6701-X (Haus der Bibel Genf)

*von Francis A. Schaeffer*

Gott ist keine Illusion
Preisgabe der Vernunft
. . . und er schweigt nicht
Tod in der Stadt
Das programmierte Ende
Kirche am Ende des 20. Jahrhunderts
Das Kennzeichen des Christen
Die Kirche Jesu Christi Auftrag und Irrweg
Geistliches Leben – was ist das?
Die Bibel zum Thema
Genesis in Raum und Zeit
Die neue religiöse Welle
Zurück zu Freiheit und Würde
Kunst und die Bibel
Jeder ist von Bedeutung
Unsere Welt soll sein Wort hören
Josua – Gott will retten
Der Schöpfungsbericht
Jeder kann es wissen (mit Edith Schaeffer)
Wie können wir denn leben?
Bitte laß mich leben

# INHALTSVERZEICHNIS

## 1. Kapitel

# NATUR UND GNADE

Der Ursprung des modernen Menschen läßt sich historisch an verschiedenen Punkten ansetzen. Ich bin geneigt, den Anfang seiner Entwicklung in den Lehren eines Mannes zu sehen, der das Weltbild in drastischer Weise verändert hat. Thomas von Aquin (1225—1274) eröffnete die Diskussion über das, was üblicherweise als „Natur und Gnade" bezeichnet wird und was wir im Diagramm etwa so darstellen können:

Gnade
———
Natur

Um zu zeigen, was die zwei verschiedenen Ebenen enthalten, erweitern wir das Schema:

| | |
|---|---|
| Gnade, das Höhere: | Gott der Schöpfer, der Himmel und himmlische Dinge, das Unsichtbare und dessen Einfluß auf der Erde, die Seele des Menschen, die Einheit. |
| Natur, das Niedere: | Das Geschaffene, Erde und irdische Dinge, das Sichtbare und was Natur und Mensch auf der Erde tun. Der Leib des Menschen, die Vielfalt. |

Vor Thomas von Aquin waren die Denkformen der Menschen byzantinisch. Alles Himmlische war überaus wichtig und so heilig, daß es nicht realistisch dargestellt wurde. So wurden Maria und Christus nie wirklichkeitsgetreu wiedergegeben, sondern nur als Symbole, und wer eine der späteren byzantinischen Mosaiken im Baptisterium in Florenz betrachtet, findet dort kein Bild der Maria, sondern ein Symbol, das an ihre Stelle tritt.

Die einfache Natur dagegen — wie Bäume und Berge —, war für den Künstler jener Zeit ohne Interesse, höchstens als Teile seiner Umwelt hatte sie begrenzte Geltung. Bergsteigen aus Begeisterung hatte zu jener Zeit keinen Reiz. Wie wir noch feststellen werden, begann das Bergsteigen überhaupt erst, als das Interesse an der Natur neu erweckt wurde. Vor Thomas von Aquin war das Himmlische das Eigentliche. Es war den Menschen entrückt, überaus heilig und wurde nur symbolisch dargestellt, während das Irdische, die Natur, der Betrachtung kaum wert erschien. Mit dem Auftreten des Thomas gelangen wir zur eigentlichen Geburtsstunde der humanistischen Renaissance und damit zur Entdeckung der Natur und des Menschen in der Natur.

Thomas' Auffassung von Natur und Gnade schloß nicht auf deren völlige Trennung, er verstand sie vielmehr als Einheit und gab damit den Anstoß für ein zähes Ringen um diese Einheit und die Hoffnung, beide, Natur und Gnade, mit der Vernunft erfassen zu können.

Wir verdanken dem Denken der Renaissance viel Gutes, besonders ein angemessenes Verständnis der Natur. In biblischer Sicht ist die Natur von großer Bedeutung, weil Gott sie geschaffen hat; sie darf deshalb nicht verachtet werden. Das Körperliche wird im Vergleich mit der Seele nicht abgewertet. Schönheit ist wertvoll und die Geschlechtlichkeit ist nicht schlecht. All dies gehört zur Natur, die eine gute Gabe Gottes ist. Wer sie verachtet, verachtet in Wirklichkeit Gottes Schöpfung und damit in einem gewissen Sinne Gott selbst, weil er das geringschätzt, was Gott geschaffen hat.

## THOMAS UND DIE AUTONOMIE

Gleichzeitig können wir die Auswirkung des Natur-Gnade-Schemas in einer anderen Richtung sehen. Denn die höhere Einschätzung der Natur öffnete auch, wie wir sehen werden, die Tür für viele zerstörende Einflüsse. Nach Thomas' Auffassung war der menschliche Wille vom Sündenfall betroffen, der menschliche Intellekt jedoch nicht. Dieses unvollständige Verständnis des biblischen Sündenfalls zog alle folgenden Schwierigkeiten nach sich. Der Intellekt des Menschen wurde autonom. Es gab jetzt einen Bereich, in dem der Mensch sich unabhängig und nur seinem eigenen Gesetz unterstellt sah.

Dieser von Thomas eingeräumte autonome Bereich entwickelte sich in verschiedenen Ausprägungen. Eine davon ist die Entstehung der natürlichen Theologie. Natürliche Theologie nennen wir eine Theologie, die ohne Bezugnahme auf die Heilige Schrift entwickelt wird. Obwohl Thomas hier dem autonomen Verstand Raum gab, hoffte er doch auf Einheit und lehrte, daß zwischen der natürlichen Theologie und der Heiligen Schrift ein Zusammenhang bestehe. Entscheidend für die nachfolgende Entwicklung ist jedoch, daß er damit einen wirklich autonomen Bereich geschaffen hatte.

Indem die Philosophie dieses Prinzip des autonomen Denkens aufgriff, wurde sie völlig frei und löste sich von der biblischen Offenbarung. Sie begann sich sozusagen Flügel zu geben und, ohne Bindung an die Heilige Schrift, in jede beliebige Richtung zu fliegen. Damit soll nicht gesagt sein, daß sie nicht schon früher die Neigung gezeigt hätte, eigene Wege zu gehen; von jetzt ab wird jedoch die Loslösung mehr und mehr zur Regel.

Diese Entwicklung beschränkt sich nicht nur auf Thomas' philosophische Theologie. Sie beeinflußte auch sehr bald die bildenden Künste.

Eine große Schwäche unseres heutigen Bildungssystems ist das mangelnde Verständnis der natürlichen Beziehungen zwischen den Disziplinen. Wir betreiben unsere Wissenschaften, als wären sie beziehungslose, parallel nebeneinander herlaufende Linien. Diese Fachblindheit begegnet uns sowohl im christlichen als auch im weltlichen Bildungswesen, und deshalb wurden die christlichen Kreise von dem großen Erdrutsch in unserer Generation überrascht. Wir haben unsere Exegese als Exegeten, unsere Theologie als Theologen, Philosophie als Philosophen betrieben. Wir studierten Kunst als Kunst und Musik als Musik, ohne daran zu denken, daß dies alles Lebensäußerungen des Menschen sind und daß Lebensäußerungen des Menschen niemals beziehungslos nebeneinander herlaufende Parallelen sein können.

Die Beziehungen zwischen Theologie, Philosophie und der bildenden Kunst kommen in der Zeit nach Thomas von Aquin in verschiedenen Formen zum Ausdruck.

## MALER UND SCHRIFTSTELLER

Der erste Maler, bei dem wir diese Einflüsse entdecken können, war Cimabue (1240—1302), der Lehrer von Giotto (1267—1337). Aquinas lebte von 1225 bis 1274. Der Niederschlag des neuen Denkens machte sich also in der Kunst recht bald bemerkbar. Statt die Themen oberhalb der Trennlinie zwischen Natur und Gnade in der symbolischen Art der byzantinischen Kunst darzustellen, fingen Cimabue und Giotto an, die Natur als Natur zu malen. Dieser Wandlungsprozeß ging jedoch nur allmählich vor sich. Zunächst einmal wurden nur die weniger bedeutenden Dinge naturalistisch gemalt, während die Jungfrau Maria weiterhin Symbol blieb.

Zu derselben Zeit begann Dante (1265—1321) in ähnlicher Weise zu schreiben. Die Aufwertung der Natur bringt unvermittelt eine Verschiebung der Werte mit sich. Die gleiche Entwicklung beobachten wir auch bei den Schriftstellern Petrarca (1304—1374) und Boccaccio (1313 bis 1375). Petrarca war der erste, von dem wir hören, daß er aus reiner Begeisterung einen Berg bestieg. Dieses Interesse für die von Gott geschaffene Natur ist, wie wir gesehen haben, gut und richtig. Doch Thomas hatte den

Weg zu einem autonomen Humanismus geebnet, zu einer autonomen Philosophie; und als die Bewegung einmal in Gang gekommen war, schwoll sie an zu einer mächtigen Flut.

## NATUR IM STREIT MIT DER GNADE

Je mehr sich Natur und Gnade jetzt voneinander lösten, desto mehr schickte sich die Natur an, die Gnade aufzuzehren. Während der Renaissance, von Dante bis Michelangelo (1475—1564), wurde die Natur mehr und mehr autonom. Sie wurde von der Abhängigkeit zu Gott in dem gleichen Maße befreit, wie sich die humanistischen Philosophen selbst befreiten, und als die Renaissance ihren Höhepunkt erreichte, hatte die Natur die Gnade vollends verschlungen.

Diese Entwicklung läßt sich in mehreren Richtungen aufzeigen. Fangen wir mit der um 1415 geschaffenen Miniatur *Grandes heures de Rohan* an. Sie stellt eine damals sehr beliebte Legende dar. Maria, Joseph und das Jesuskind befinden sich auf der Flucht nach Ägypten. Sie kommen an einem Acker vorbei, auf dem ein Mann eben das Saatgut ausstreut. Innerhalb einer Stunde wächst das Korn und wird reif zur Ernte. Während der Bauer das Feld aberntet, kommen die nachjagenden Soldaten und fragen: „Wann sind sie vorbeigezogen?" Er antwortete, es sei zur Zeit der Aussaat gewesen, worauf die Soldaten umkehren. Nicht die Legende ist an dieser Stelle von Interesse, sondern vielmehr ihre Darstellung auf der Miniatur. Zunächst einmal fällt auf, daß Maria, Joseph und das Jesuskind, ihr Diener und der Esel im oberen Teil das Bild durch ihre Größe beherrschen. Die Soldaten und der Bauer mit seiner Sichel dagegen sind im unteren Teil des Bildes und auffallend klein dargestellt. Der Kontrast wird noch dadurch verstärkt, daß der Hintergrund des oberen Teiles mit Goldlinien durchsetzt ist. Wir haben hier also eine bildliche Darstellung der Teilung der Welt in Natur und Gnade.

Dies ist die ältere Vorstellung: Die Gnade überwiegt und die Natur ist unbedeutend.

Im nördlichen Europa hat van Eyck (1380—1441) der Natur das Tor weiter geöffnet. Er begann wirklich Natur zu malen. Im Jahre 1410 — ein sehr wichtiges Datum in der Kunstgeschichte — schuf er eine winzige Miniatur. Sie mißt nur etwa zwölf mal sieben cm, ist aber von gewaltiger Bedeutung, denn sie zeigt die erste realistische Landschaftsdarstellung. Durch sie wurden alle späteren Hintergrunddarstellungen der Renaissancezeit beeinflußt. Ihr Thema ist die Taufe Jesu, aber nur ein kleiner Teil der Fläche wird dafür in Anspruch genommen. Im Hintergrund sehen wir einen Fluß, ein Schloß, Häuser, Berge, eine wirkliche Landschaft; die Natur ist wichtig geworden. Danach verbreiteten sich solche Landschaftsmalereien vom Norden zum Süden Europas.

Bald folgt ein weiterer Schritt. 1435 malte van Eyck die *Madonna des Kanzlers Rolin,* jetzt im Louvre in Paris. Das Bild zeichnet sich dadurch aus, daß der Kanzler Rolin, der der Maria gegenübersteht, genauso groß ist wie sie selbst. Maria ist nicht mehr erhaben, der Kanzler nicht mehr eine kleine Figur, wie es zu früheren Zeiten bei den Stiftern der Fall war. Wenn seine Hände auch andächtig zum Gebet gefaltet sind, so steht er jetzt auf einer Stufe mit Maria. Nun stellte sich die gespannte Frage: Wie sollen sich Natur und Gnade die Waage halten?

Als nächster bedeutender Künstler muß jetzt Masaccio (1401—1428) genannt werden. Er ist bahnbrechend in Italien, weil er als erster nach Giotto († 1337) Perspektive und Raumgefühl einführt. Zum erstenmal fallen die Lichtstrahlen im richtigen Winkel ein. Er hat zum Beispiel bei seinen Wandmalereien in der berühmten Carmin-Kapelle in Florenz ein Fenster so mit einbezogen, daß die Schatten auf seinen Bildern im richtigen Verhältnis zum einfallenden Licht dargestellt sind. Masaccio malte die Wirklichkeit. Er gestaltete seine Bilder so, als wären sie ein Teil des Raumes. Sie vermitteln ein Gefühl der Atmosphäre, und bei ihm finden wir richtige Komposition. Leider wurde er nur siebenundzwanzig Jahre alt, doch war er es, der der Natur das Tor fast ganz öffnete. Die Kunst Masaccios wie auch die von van Eyck mit ihrer treuen Wiedergabe der Natur hätte durchaus zu einer Malerei aus einem echt biblischen Verständnis führen können.

Bei Filippo Lippi (1406—1469) wird in krasser Weise deutlich, daß die Natur sich anschickt, sich der Gnade zu bemächtigen, weit mehr noch als bei van Eycks *Madonna des Kanzlers Rolin.* Wenige Jahre vorher hätte ein Maler es überhaupt nicht gewagt, Maria naturalistisch darzustellen. Er hätte nur ein Symbol gemalt. Filippo Lippis Madonna von 1465 ist ein aufsehenerregender Wandel in der Kunst. Seine Madonna ist ein sehr schönes junges Mädchen mit einem Kind. Wir müssen aber noch etwas mehr über dieses Gemälde wissen. Das Mädchen, das er als Maria darstellte, war seine Geliebte, und ganz Florenz wußte, daß sie es war. Noch wenige Jahre zuvor hätte niemand so etwas gewagt. Die Natur bedrängte die Gnade.

In Frankreich malte Fouquet (ca. 1416—1480) um 1450 die Mätresse des Königs, Agnes Sorel, als Maria. Da die Verhältnisse des königlichen Hofes allgemein bekannt waren, wußte jeder, der das Bild betrachtete, daß dies die derzeitige Geliebte des Königs war. Fouquet stellte sie mit einer entblößten Brust dar. Früher wäre es Maria gewesen, die das Jesuskind stillte. Jetzt war es die Mätresse des Königs mit einer zur Schau gestellten Brust. Die Gnade ist tot.

Es muß an dieser Stelle betont werden, daß, wo immer die Natur selbständig wird, sich dies zerstörerisch auswirkt. Sobald ein autonomer Bereich zugestanden wird, verschlingt das niedere Element das höhere. Im folgenden werde ich die zwei Elemente als „unteren Bereich“ und „oberen Bereich“ bezeichnen.

Als nächster soll Leonardo da Vinci betrachtet werden. Er bringt einen neuen Faktor in die Geistesgeschichte ein und kommt dem Wesen des modernen Menschen näher als alle seine Vorgänger. Seine Lebenszeit (1452—1519) reicht bis an die Reformation heran, was bedeutsam ist. Er beeinflußt in entscheidender Weise die gewaltige Wandlung, die sich im ganzen philosophischen Denken vollzieht. Thomas hatte das Denken des Aristoteles wieder ins Gespräch gebracht. Cosimo der Ältere von Florenz (gest. 1464) wies als erster wieder auf die Bedeutung der Philosophie Platos hin und wurde so zum Wegbereiter des Neuplatonismus. Ficino (1433—1499), der große Neuplatoniker, war Lehrer von Lorenzo dem Prächtigen (1449 bis 1492) aus dem Geschlechte der Medici, das Florenz beherrschte. Zur Zeit Leonardo da Vincis beherrschte also der Neuplatonismus Florenz. Er wurde vorherrschend aus dem einfachen Grunde, daß der Mensch etwas braucht, das dem oberen Bereich einen Inhalt gibt. Die Einführung des Neuplatonismus war der Versuch, Ideen und Idealen wieder Raum zu geben.

Gnade im oberen Bereich — das war, philosophisch ausgedrückt, die Summe der Allgemeinbegriffe, der Universalien; und dementsprechend blieb Natur als die Sammlung der Einzeldinge, das Besondere, im unteren Bereich.

Gnade — die Allgemeinbegriffe (Universalien)

---

Natur — die Einzeldinge (das Besondere)

Diese Gegenüberstellung wird durch ein Gemälde von Raphael (1483—1520) zum Ausdruck gebracht. Es heißt: „*Die Philosophenschule von Athen*" und befindet sich im Vatikan, in einem Raum, auf dessen anderer Seite ein Wandgemälde, ebenfalls von Raphael, die römisch-katholische Kirche darstellt. Im Gegensatz dazu versinnbildlicht die *Philosophenschule von Athen* das klassisch heidnische Denken. Hier arbeitet er den Unterschied zwischen dem aristotelischen und platonischen Denken heraus. Die beiden Philosophen stehen in der Mitte des Bildes. Aristoteles richtet seine beiden Hände nach unten, während Plato nach oben weist.

Die Problemstellung läßt sich noch anders formulieren. Wo ist die Einheit, wenn man der Verschiedenheit freien Raum gibt? Wenn sich das Besondere frei entfaltet, wo bleibt der Zusammenhalt des Ganzen? Leonardo hat mit diesem Problem gerungen. Er war ein neuplatonischer Maler, und viele, meiner Ansicht nach zu Recht, betrachten ihn als den ersten modernen Mathematiker. Er erkannte, daß autonomes, rationales Denken notwendigerweise zur Mathematik führt. (Meßbare Daten) Und Mathematik befaßt sich nur mit dem Besonderen, nicht mit dem Allgemeinen. So kommt man also niemals aus dem mechanistischen Bereich heraus, und weil er die Erfordernis einer Einheit erkannte, verstand er auch, daß dies nicht genügen konnte. Daher versuchte er, die Seele zu malen. Die Seele ist für ihn nicht die christliche Seele, sondern das Allgemeine, zum Beispiel die Seele des Meeres oder des Baumes.

Seele — Allgemeines

---

Mathematik — Besonderes — Mechanik

Einer der Gründe, weshalb er nicht viele Gemälde schuf, liegt in seinen immer neuen Versuchen und Entwürfen, die darauf abzielten, Allgemeinbegriffe malerisch auszudrücken. Es ist wohl kaum nötig zu erwähnen, daß er dieses Ziel nie erreicht hat.

Der kürzlich verstorbene Giovanni Gentile, einer der größten italienischen Philosophen, schrieb, Leonardo sei in Verzweiflung gestorben. Er habe die Hoffnung auf eine rationale Einheit zwischen dem Besonderen und dem Allgemeinen nicht aufgeben können[1]). Um dieser Verzweiflung zu entfliehen, hätte Leonardo ein anderer Mensch sein müssen oder er hätte die Hoffnung auf Einheit der beiden Bereiche oberhalb und unterhalb der Linie aufgeben müssen. Leonardo, der eben doch noch kein moderner Mensch war, gab die Hoffnung auf ein einheitliches Erkenntnisfeld bis zu seinem Ende nicht auf. Es war die Hoffnung des gebildeten Menschen, der auch schon früher daran zu erkennen war, daß er an dieser Einheit der Erkenntnis festhielt.

[1] Leonardo da Vinci (Reynal & Co. New York, 1963) pp. 163—174, Leonardo's Thought.

## 2. Kapitel

# DIE EINHEIT VON NATUR UND GNADE

An dieser Stelle ist es wichtig, einen geschichtlichen Zusammenhang zu beachten. Calvin wurde 1509 geboren. Seine *Institutio* wurde 1536 veröffentlicht. Leonardo starb 1519, im gleichen Jahr, in dem die Leipziger Kanzeldisputation zwischen Luther (1483—1546) und Dr. Eck stattfand. Der König, der Leonardo am Ende seines Lebens nach Frankreich holte, war Franz I., der gleiche König, dem auch Calvins *Institutio* gewidmet war. Wir sehen, daß die Renaissance und die Reformation sich zeitlich überschneiden. Die Antwort der Reformation auf dieses Problem der Einheit von Natur und Gnade war das völlige Gegenteil von der Antwort der Renaissance. Die Reformatoren verwarfen sowohl die Philosophie des Aristotelismus als auch die der Neuplatoniker. Und wie lautete die Antwort der Reformatoren? Sie sahen die Wurzel des Übels in dem alten Humanismus, der sich in der römisch-katholischen Kirche ausgebreitet hatte, und in der Theologie des Thomas von Aquin über den teilweisen Sündenfall, die den autonomen Menschen freisetzte. Die Reformation übernahm das biblische Bild vom totalen Sündenfall. Der ganze Mensch war von Gott geschaffen, jetzt aber war der ganze Mensch verderbt, samt Verstand und Willen. Im Gegensatz zu Thomas hielten die Reformatoren Gott allein für autonom.

Dies traf in zwei Richtungen zu. Als erstes gibt es keine Autonomie im Bereich letzter Autorität. Für die Reformatoren war die Bibel Quelle endgültiger und umfassender Erkenntnis — das heißt Sola scriptura: *allein die Schrift;* im Gegensatz zu „Schrift und ...", gleich, ob dieses „und ..." die Kirche oder die sogenannte natürliche Theologie ist. Zum zweiten gab es im Bereich des Heils kein Zugeständnis an die menschliche Autonomie. In der römisch-katholischen Heilslehre war das Werk der Errettung zweigeteilt. Christus war für unsere Erlösung gestorben, der Mensch jedoch hatte das Verdienst Christi zu verdienen. Es gab also noch ein humanistisches Element in dieser Heilslehre. Die Reformatoren nun bestanden darauf, daß der Mensch überhaupt nichts zum Heil beitragen kann. Keine autonome, humanistische, religiöse oder moralische Anstrengung kann dem Menschen zum Heil verhelfen. Die Erlösung gründet sich allein auf das vollendete Werk Christi, sein Sterben, das in Raum und Zeit, nämlich in der Geschichte geschehen ist. Der einzige Weg zum Heil ist: die leeren Hände im Glauben ausstrecken und durch die Gnade Gottes das freie Geschenk Gottes annehmen. Sola fide — *allein der Glaube.*

Im Bereich der endgültigen normativen Erkenntnis mit Bezug auf „Sola scriptura" gibt es keine Aufteilung in das, was die Kirche oder die natürliche Theologie sagen, und das, was die Bibel sagt. Es gibt aber auch in bezug auf „Sola fide" keine Aufteilung in das, was die Bibel sagt, und das, was die rationalistischen Philosophen sagen. Es galt: *Allein die Schrift* und *allein der Glaube.*

Die evangelikalen Christen sollten hier beachten, daß der Grundsatz der Reformation „allein die Schrift" lautete, und nicht „allein die Offenbarung Gottes in Christus". Wer nicht die reformatorische Stellung zur Schrift hat, entleert das Wort „Christus" seines Inhaltes. Das ist die moderne Strömung in der Theologie. Die heutige Theologie gebraucht dieses Wort ohne seinen Inhalt, weil sie „Christus" von der Heiligen Schrift trennt. Die Reformatoren lehrten, wie Jesus selbst lehrte, indem sie die Offenbarung, die Christus vom Vater gab, an die Offenbarung der Schrift banden.

Die Schrift gibt uns den Schlüssel zu zwei Arten der Erkenntnis, dem Wissen von Gott und dem Wissen von Mensch und Natur. Die großen reformatorischen Bekenntnisschriften betonen, daß Gott seine Eigenschaften dem Menschen in der Schrift offenbart hat und daß diese Offenbarung vor Gott und Mensch gültig ist. Es hätte weder die Reformation noch die durch die Reformation ausgelöste Zivilisation in Nordeuropa geben können, wenn da nicht die Erkenntnis gewesen wäre, daß Gott in der Schrift zum Menschen gesprochen hat und wir daher auch wirklich wahres Wissen über Gott haben, weil Gott es den Menschen offenbart hat.

Es ist von größter Wichtigkeit, daß wir uns bei dem Interesse, das wir heute an Kommunikation und Sprachstudium haben, daran erinnern, daß wir in der Bibel, wenn auch nicht erschöpfende Wahrheit, aber doch das finden, was ich mit dem Ausdruck „wahre Wahrheit" bezeichnen möchte. Wir haben wahre Wahrheit über Gott, wahre Wahrheit über den Menschen und etwas Wahres über die Natur. Wenn uns die Heilige Schrift auch auf keinem Gebiet erschöpfendes Wissen vermittelt, so gibt sie doch wahre und ganzheitliche Erkenntnis.

## DIE REFORMATION UND DER MENSCH

Wir besitzen in der Schrift eine überaus wichtige Information über den Menschen. Unter anderem erfahren wir, woher er kommt und wer er ist — geschaffen nach dem Bilde Gottes. Der Mensch ist nicht nur dann wunderbar, wenn er als Christ „wiedergeboren" ist. Er ist auch wunderbar, so wie Gott ihn nach seinem Bild geschaffen hat. Der Mensch hat einen eigenen Wert auf Grund dessen, was er ursprünglich vor dem Fall gewesen ist.

Kürzlich hielt ich einige Vorträge an der Universität in Santa Barbara. Ein junger Mann wurde mir vorgestellt, der Drogen genommen hatte. Er hatte ein gutes, ausdrucksvolles Gesicht, langes, lockiges Haar, trug Sandalen und Bluejeans. Nach meinem Vortrag sagte er zu mir: „Das ist ja nagelneu, ich habe noch niemals so etwas gehört." Als er am nächsten Nachmittag wieder da war, begrüßte ich ihn. Er schaute mir in die Augen und sagte: „Welch ein schöner Gruß, warum haben Sie mich so begrüßt?" Ich sagte: „Weil ich weiß, wer Sie sind, Sie sind nach dem Bilde Gottes geschaffen." Anschließend hatten wir ein großartiges Gespräch. Wir können unsere Mitmenschen nicht als Menschen behandeln, das heißt auf dem hohen Niveau wahrer Menschlichkeit, ehe wir ihren Ursprung wirklich kennen und wissen, wer sie sind. Gott sagt dem Menschen, wer er ist. Gott sagt uns, daß er den Menschen nach seinem Bild geschaffen hat. Deswegen ist der Mensch etwas Wunderbares.

Gott sagt uns aber noch etwas anderes über den Menschen — er spricht zu uns vom Sündenfall. Dies ist die zweite Tatsache, die wir kennen müssen, um den Menschen zu verstehen. Warum ist er so wunderbar und doch so voller Mängel? Wer ist der Mensch? Wer bin ich? Warum kann der Mensch Dinge vollbringen, die ihn als ein einzigartiges Wesen auszeichnen und warum ist er dennoch so schrecklich? Warum?

Die Bibel sagt mir, daß ich wunderbar bin, weil der Mensch nach dem Bilde Gottes geschaffen ist, und daß ich schrecklich bin, weil der Mensch an einem räumlich und zeitlich bestimmten Punkt bewußt von Gott abfiel. Der Mensch der Reformation wußte, daß der Mensch sich wegen seiner Auflehnung gegen Gott auf dem Weg zur Hölle befindet. Aber der reformatorische Mensch und die Generation nach der Reformation, die die nordeuropäische Kultur aufbauten, wußten auch, daß der Mensch, trotz seiner moralischen Schuld vor Gott, doch kein Nichts ist. Der moderne Mensch neigt zu dem Gedanken, er sei ein Nichts. Die Menschen der Reformation wußten, daß sie das ganze Gegenteil von einem Nichts sind, denn es war ihnen bekannt, daß sie nach dem Bilde Gottes gemacht waren. Selbst wenn sie auf dem Weg zur Hölle waren — hätte nicht Christus durch seinen Sühnetod eine ganz und gar nichthumanistische Lösung geboten —, so bedeutete das immer noch nicht, daß sie ein Nichts waren. Wo immer das Wort Gottes, die Bibel, Gehör fand, waren die Auswirkungen der Reformation gewaltig, sowohl in einzelnen Menschen, die Christen wurden, als auch in der Entwicklung der gesamten Kultur.

Mit anderen Worten, die Reformation sagt uns, daß Gott in der Schrift sowohl für den Bereich des „Höheren" als auch für den Bereich des „Niederen" Aussagen gemacht hat. Er gab eine wahre Offenbarung über sich selbst — die himmlischen Dinge — und ebenfalls eine wahre Offenbarung über die Natur — den Kosmos und den Menschen. Hier war wirkliche Einheit der Erkenntnis, und keine Spur von dem Renaissanceproblem Natur und Gnade. Diese Einheit war nicht auf eine besondere Klugheit der Menschen zurückzuführen, sondern darauf, daß Gott eine Einheit in beiden Bereichen offenbart hatte. Im Gegensatz zu dem Humanismus, der durch Thomas ausgelöst worden war, und der römisch-katholischen Form des Humanismus, gab es für die Reformation kein autonomes Teilgebiet.

Das bedeutet nicht, daß für Wissenschaft und Kunst keine Freiheit bestanden hätte. Ganz im Gegenteil boten sich jetzt beiden die Möglichkeiten wahrer Freiheit innerhalb der offenbarten Grenzen an. Obwohl Kunst und Wissenschaft Freiheit hatten, waren sie dennoch nicht autonom — der Künstler und der Wissenschaftler standen gleichfalls unter der Offenbarung der Heiligen Schrift. Wie wir noch sehen werden, brach dagegen bei der Verselbständigung von Wissenschaft oder Kunst ein bestimmtes Prinzip durch: die Natur „verschlingt" die Gnade, und so verloren Kunst und Wissenschaft bald ihre Aussagekraft.

Die Reformation hatte gewaltige Folgen. Sie ermöglichte die Kultur, die viele von uns schätzen, wenn auch die heutige Generation im Begriff ist, sie wegzuwerfen.

Die Reformation konfrontiert uns mit einem Adam, der, in den Denkformen des zwanzigsten Jahrhunderts gesprochen, ein unprogrammierter Mensch war. Er war nicht wie eine Lochkarte in ein Computer-System eingeordnet. Es ist charakteristisch für den modernen Menschen, daß er sich dies nicht mehr vorstellen kann, weil sein Denken von einem deterministischen Konzept bestimmt ist. Die biblische Position ist jedoch durchaus eindeutig: Der Mensch kann nicht als völlig programmiertes Wesen mit bedingten Reflexen angesehen werden. Auf dieser biblischen Auffassung beruht die Würde des Menschen. Viele bemühen sich heute um die Erhaltung der Menschenwürde, wissen aber nicht mehr wie, weil sie die Wahrheit, daß der Mensch nach dem Bilde Gottes geschaffen ist, verloren haben. Adam war ein unprogrammierter, verantwortungsbewußter Mensch in einer gestaltbaren Geschichte, und er konnte die Geschichte verändern.

Nach dem reformatorischen Denken ist der Mensch ein Jemand. Und dieser Jemand hat sich gegen Gott empört. Er hat sich wirklich empört und bildet sich das nicht nur ein. Und weil er das als unprogrammierter Mensch tut, ist er schuldig. Allein daher verstanden die Reformatoren noch ein weiteres. Sie hatten ein auf die Bibel gegründetes Verständnis des Werkes Christi und verstanden, daß Jesus am Kreuz als Stellvertreter und als Sühneopfer starb, um die Menschen von ihrer tatsächlichen Schuld zu erretten.

Sobald wir anfangen, die biblische Auffassung von der Schuld des Menschen zu verfälschen, psychologisch, theologisch oder sonstwie aufzuweichen, verlassen wir das biblische Verständnis von dem, was Jesus für den Menschen tat: Christus starb für einen Menschen, der wirklich moralisch schuldig war, weil er eine echte Entscheidung gegen Gott getroffen hatte.

Es ist noch ein weiteres über den Menschen auszusagen. Dazu müssen wir feststellen, daß das ganze biblische System auf Gott zurückgeht. Ich liebe das biblische System als System. Wenn auch das Wort einen unbeliebten Nebensinn hat und sich so kalt anhört, heißt das nicht, daß die Lehre der Bibel kein System wäre. Alles geht zurück auf den Anfang, und das gibt diesem System seine einzigartige Schönheit und Vollkommenheit. Alles hat seinen Anfang in dem Gott, der wirklich da ist. Dies ist der Ausgangs- und Scheitelpunkt des Ganzen und alles entfaltet sich von hier aus in einer rational logischen Weise, ohne Widerspruch. Die Bibel sagt, Gott sei ein lebendiger Gott und berichtet uns viel von ihm. Aber, und dies hat vielleicht für den Menschen des zwanzigsten Jahrhunderts die größte Tragweite, die Bibel spricht von Ihm als von einem persönlichen *und* unendlichen Gott. Dies ist das Wesen des Gottes, der wirklich da ist, der existiert. Außerdem haben wir hier das einzige System, die einzige Religion, dic einen solchen Gott hat. Die Gottheiten des Ostens sind ihrer Definition nach unendlich, in dem Sinne, daß sie alles, sowohl das Böse als auch das Gute umfassen. Aber sie sind nicht persönlich. Die Götter des Westens waren persönliche Götter, aber sie waren sehr begrenzt. Die germanischen, römischen und griechischen Gottheiten waren alle persönlich, aber nicht unendlich. Der christliche Gott, der Gott der Bibel, ist persönlich *und* unendlich.

Dieser persönlich-unendliche Gott der Bibel ist der Schöpfer von allem. Gott schuf alle Dinge und er schuf sie aus dem Nichts. Deswegen ist alles außer ihm selbst endlich, alles andere ist Geschöpf. Er allein ist der unendliche Schöpfer. Das läßt sich wie folgt darstellen:

Der persönlich — unendliche Gott

Kluft

Mensch
Tier
Pflanze
Maschine

Er schuf den Menschen, die Tiere, die Blumen und die Maschine. Im Blick auf Gottes Unendlichkeit ist der Mensch genauso von Ihm getrennt wie die Maschine. Aber, sagt die Bibel, im Blick auf die Persönlichkeit des Menschen sieht es ganz anders aus. Die Kluft befindet sich an einer anderen Stelle.

Der persönlich — unendliche Gott

Kluft

Mensch

Kluft

Tier
Pflanze
Maschine

Mensch

Tier
Pflanze
Maschine

Der Mensch wurde also nach dem Bilde Gottes geschaffen, um persönliche Verbindung mit dem persönlichen Gott zu haben. Die Beziehung des Menschen erstreckt sich nach oben und nicht nur nach unten. Im Umgang mit den Menschen des zwanzigsten Jahrhunderts tritt an dieser Stelle ein ganz entscheidender Unterschied zu Tage. Der moderne Mensch sieht seine Beziehung nach unten, zum Tier und zur Maschine hin. Die Bibel verwirft diese Anschauung vom Wesen des Menschen. Auf der Seite seiner Persönlichkeit ist der Mensch mit dem persönlichen —

unendlichen Gott verwandt. Er ist nicht unendlich, sondern endlich. Dennoch ist er wirklich eine Persönlichkeit. Er ist geschaffen nach dem Bilde des persönlichen Gottes, der wirklich existiert.

### REFORMATION — RENAISSANCE UND MORAL

Die Unterschiede zwischen dem reformatorischen Denken und dem Renaissancedenken äußern sich in mancherlei Weise. Beispiele hierfür könnten wir aus manchen Lebensbereichen nennen. So hat die Renaissance die Frau frei gemacht. Das gleiche tat die Reformation — aber mit einem großen Unterschied. Jakob Burckhardts Werk, *Die Kultur der Renaissance in Italien* (Basel 1860), ist heute noch ein Standardwerk auf diesem Gebiet. Er zeigt, daß die Frauen während der Renaissance in Italien zwar frei wurden, aber um den hohen Preis allgemeiner Unmoral. Burckhardt (1818—1897) stellt dies über viele Seiten hin dar.

Wie war das möglich? Es läßt sich auf die damals gültige Auffassung von Natur und Gnade zurückführen. Solche Dinge sind niemals rein theoretischer Natur, weil der Mensch so handelt, wie er denkt:

Lyrische Dichter — „Geistige Liebe" — Ideale Liebe

---

Romanschriftsteller und komische Dichter — Sinnliche Liebe

Oberhalb der Linie haben wir die lyrischen Dichter, die „geistige" und „ideale" Liebe besungen haben. Darunter sind die Romanschriftsteller, die Scherzdichter, welche die sinnliche Liebe beschrieben. Es gab eine Flut pornographischer Schriften. Dieses Element in der Renaissance-Epoche beschränkte sich nicht auf die Bücher, sondern übertrug sich auf den Lebensstil. Der autonome Mensch befand sich in einem Zwiespalt. Man spürt dies zum Beispiel bei

Dante. Er verliebte sich auf den ersten Blick in eine Frau und liebte sie sein Leben lang. Daneben heiratete er eine andere, die seine Kinder zur Welt brachte und sein Geschirr aufwusch.

Offensichtlich hat also die Natur-Gnade-Aufteilung die ganze Struktur der Renaissance beeinflußt, und wieder hat das niedere Element das höhere verschlungen.

## DER GANZE MENSCH

Die biblische Anschauung, wie sie auch die Reformation vertrat, ist völlig anders. Sie ist nicht platonisch. Die Seele ist nicht wichtiger als der Leib. Gott hat den ganzen Menschen geschaffen, und der ganze Mensch ist wichtig. Die Lehre der leiblichen Auferstehung der Toten ist keine altmodische Sache. Sie sagt uns, daß Gott den ganzen Menschen liebt, und der ganze Mensch für Ihn wertvoll ist. Die biblische Lehre steht also der platonischen diametral entgegen, die aus der Seele (dem „Oberen") etwas sehr Wichtiges macht, und den Leib (das „Niedere") als gänzlich unwesentlich betrachtet. Die biblische Anschauung steht somit auch der humanistischen Lehre entgegen, nach welcher der Leib und der autonome Verstand des Menschen allein als wichtig anzusehen sind und die Gnade sehr unbedeutend wird.

Der biblische, wie der von der Reformation bekräftigte Standpunkt, hält also beide, die platonische und auch die humanistische Schau für unzureichend. Erstens hat Gott den ganzen Menschen geschaffen und Er interessiert sich auch für den ganzen Menschen. Zweitens hat der Sündenfall, als er in der Geschichte, in Raum und Zeit geschah, den ganzen Menschen in Mitleidenschaft gezogen. Drittens bietet das Erlösungswerk Christi, so wie es uns durch die Schrift offenbart ist, Erlösung für den ganzen Menschen. Zu einem zukünftigen Zeitpunkt wird der ganze Mensch auferstehen und vollkommen erlöst. Paulus sagt im Römerbrief (Kap. 6), daß wir schon in diesem Leben realen Anteil an der Erlösung des ganzen Menschen haben können, und zwar auf Grund des vergossenen Blutes Christi und in der Kraft des Heiligen Geistes durch den Glauben, auch wenn die Erlösung in diesem Leben noch nicht das volle Maß erreicht. Es gibt einen wirklichen Herrschaftsanspruch Christi über den ganzen Menschen. So hatten es die Reformatoren verstanden, und so lehrt es die Bibel. In Holland zum Beispiel, noch mehr als in der Englisch sprechenden Christenheit, wurde diese Herrschaft Christi über die Zivilisation zum Ausdruck gebracht.

Somit ist Christus in beiden Lebensbereichen Herr:

Gnade — Christus

---

Natur — Christus

Hier ist kein Platz für Autonomie. Es gibt nichts außerhalb der Herrschaft Christi und der Autorität der Schrift. Gott hat den ganzen Menschen geschaffen, und er interessiert sich für den ganzen Menschen, und das Ergebnis ist Einheit. Zur gleichen Zeit also, als in der Renaissance der moderne Mensch geboren wurde, hat die Reformation bereits die Antwort auf sein Dilemma verkündigt. Im Gegensatz dazu hat der Dualismus der Renaissancemenschen die neuen Formen des Humanismus hervorgebracht und damit die schmerzvollen Probleme des modernen Menschen.

3. Kapitel

# BEGINN DER MODERNEN WISSENSCHAFT

Die Wissenschaft spielte in den bisher geschilderten Zusammenhängen eine große Rolle. Wir müssen ganz klar sehen, daß die Anfänge der modernen Wissenschaft von Menschen ausgingen, die bewußt im Raum des Christentums lebten. Ein Mann wie J. Robert Oppenheimer zum Beispiel, der selbst zwar kein Christ war, hat dennoch diese Zusammenhänge durchschaut. Er sagte, das Christentum sei eine notwendige Voraussetzung für die Entstehung der modernen Naturwissenschaft gewesen. Das Christentum war für die moderne Wissenschaft deshalb unerläßlich, weil es erst mit seiner Lehre ein Denkklima schuf, das dem Menschen ermöglichte, den Aufbau des Weltalls zu erforschen.

Jean-Paul Sartre (geb. 1905) lehrt, daß die wichtigste philosophische Frage die Frage nach dem Sein im Gegensatz zum Nichtsein ist. Ganz gleich, was der Mensch denkt, er hat mit der Tatsache und dem Problem zu tun, daß es ein Gegenüber gibt. Die christliche Aussage bringt uns eine Erklärung für dessen objektive Existenz. Im Gegensatz zum Denken in den asiatischen Religionen behauptet die jüdisch-christliche Tradition, daß Gott ein wirkliches Universum außerhalb von sich selbst geschaffen hat. Der Begriff „außerhalb von sich selbst“ ist nicht im räumlichen Sinne zu verstehen. Ich will damit sagen, daß das Weltall nicht eine Ausdehnung des Wesens Gottes darstellt. Es ist nicht nur ein Traum Gottes. Es hat eine Gestalt mit objektiver Wirklichkeit, die sich gedanklich erfassen läßt und die erforscht werden kann. Die christliche Aussage bietet eine Gewißheit von objektiver Existenz, von Ursache und Wirkung, eine Gewißheit, die solide genug ist, um sich darauf zu gründen. Objekte, Geschichte, Ursache und Wirkung existieren wirklich.

Viele der früheren Naturwissenschaftler hatten dieselbe allgemeine Anschauung, wie sie von Francis Bacon (1561 bis 1626) in seinem Buch *Novum Organum Scientiarum* ausgedrückt wurde: „Durch den Sündenfall hat der Mensch sowohl seine Unschuld als auch die Herrschaft über die Natur verloren. Dieser doppelte Verlust kann in diesem Leben schon in einem gewissen Maße aufgehoben werden, der erstere durch Religion und Glauben, der letztere durch die Künste und Wissenschaften." Hier wurde Wissenschaft als solche (und Kunst als solche) im besten Sinne als religiöse Betätigung aufgefaßt. In dem Zitat ist zu beachten, daß Francis Bacon die Wissenschaft nicht als autonom ansah, denn er verband sie innerhalb der Offenbarung der Schrift mit dem Sündenfall. In diesem Gefüge jedoch war die Wissenschaft (und die Kunst) frei und hatte ihren eigenen Wert, sowohl vor den Menschen als auch vor Gott.

Die frühen Wissenschaftler vertraten auch die Auffassung des Christentums, daß Gott ein vernünftiger Gott ist, der ein vernünftiges Universum geschaffen hat, und daß der Mensch, indem er seine Vernunft gebraucht, den Aufbau des Weltalls erforschen kann.

Diese überragenden Beiträge, die wir heute als selbstverständlich hinnehmen, haben die Anfänge der modernen Naturwissenschaft ermöglicht. Es ist zu bezweifeln, ob die Wissenschaftler von heute, die ihre Arbeit ohne diese Gewißheit und Motivierung tun, die Naturwissenschaften je hätten in Gang bringen können. Die Natur mußte aus dem byzantinischen Weltbild befreit und zu einer klaren biblischen Schau zurückgeführt werden. Erst das von der Schrift geprägte Denken rief die moderne Naturwissenschaft ins Leben.

Die frühe Wissenschaft war Naturwissenschaft insofern, als man sich mit den Dingen der Natur auseinandersetzte. Sie war jedoch nicht naturalistisch, denn wenn man auch das Gesetz von Ursache und Wirkung, das Prinzip der Naturkausalität anerkannte, so betrachtete man doch Gott und den Menschen nicht als Teile einer großen Maschinerie. Man war einmal der Überzeugung, daß Gott den Menschen Erkenntnis gegeben hat, Wissen über Gott und auch über die Schöpfung und die Geschichte. Und zweitens glaubte man, daß Gott und Mensch nicht ein Teil der Maschinerie seien, sondern daß sie in den maschinellen Ablauf von Ursache und Wirkung eingreifen könnten. Im unteren Bereich gab es somit keine Autonomie.

So entstand eine Wissenschaft, die sich mit der wirklichen Welt der Natur befaßte, die aber noch nicht naturalistisch geworden war.

## KANT UND ROUSSEAU

Nach dem Zeitalter der Renaissance und der Reformation wurden bei Kant (1724-1804) und Rousseau (1712-1778) neue Höhepunkte erreicht, und wir beschränken uns auf sie, wenn auch viele andere Entwicklungen in der dazwischen liegenden Zeit beachtenswert wären. Bei Kant und Rousseau sehen wir das Bewußtsein der Autonomie, das von Thomas ausging, in voller Entfaltung. Daraus folgt, daß die Fragestellung jetzt anders lautet. Die neue Formulierung allein weist schon auf die Entwicklung des Problems hin. Während bisher von Natur und Gnade gesprochen wurde, ließ man jetzt den Gedanken an Gnade völlig fallen — das Wort paßte überhaupt nicht mehr. Der Rationalismus war nun voll entwickelt und gefestigt, und für den Gedanken der Offenbarung war in keinem Bereich mehr Raum. Demzufolge wurde die Fragestellung jetzt nicht als „Natur und Gnade", sondern als „Natur und Freiheit" formuliert.

Freiheit

---

Natur

In dieser gigantischen Begriffswandlung drückt sich eine säkularisierte Situation aus. Die Natur hat die Gnade völlig verschlungen, und wir finden jetzt im oberen Bereich nur mehr das Wort „Freiheit".

Kants philosophisches System zerbrach bei dem Versuch, einen Weg, irgend einen Weg, zu finden, die phänomenale Welt der Natur in Beziehung zu der noumenalen Welt der Allgemeinbegriffe zu bringen. Die Trennungslinie zwischen dem oberen und dem unteren Bereich wird jetzt immer stärker, und bald soll die Kluft noch breiter werden.

Nachdem der Lebensbereich der Natur völlig autonom geworden ist, taucht der Determinismus auf. Bisher war deterministisches Denken fast ausschließlich auf physikalische Dinge beschränkt geblieben, also auf den Teil der Welt, der seinem Wesen nach mechanisch aufgebaut ist. Jetzt aber wird der Mensch auch in diese Maschinerie einbezogen.

Trotz des Auftretens des Determinismus im unteren Bereich besteht immer noch eine starke Sehnsucht nach menschlicher Freiheit. Aber auch die menschliche Freiheit wurde jetzt als autonom betrachtet. In dem Schema sind jetzt beide, Freiheit und Natur, autonom. Die Freiheit des Individuums wird nicht nur als Freiheit angesehen, die keiner Erlösung bedarf, sondern als absolute Freiheit.

Der Kampf um die Freiheit wird besonders von Rousseau auf die Spitze getrieben. Er und seine Schüler versuchen in Literatur und Kunst, die Kultur als etwas abzuwerfen, was die Freiheit des Menschen einschränkt. So wird das Ideal der Bohème geboren. Sie spüren, daß der Mensch im unteren Bereich in die Rolle einer Maschine gepreßt wird. Die naturalistisch gewordene Wissenschaft wurde eine schwere Last — ein Feind. Die Freiheit geht immer mehr verloren. Die Menschen, die noch nicht wirklich moderne Menschen sind und deshalb die Zumutung ablehnen, nur Maschinen zu sein, fangen an, die Wissenschaft zu hassen. Sie sehnen sich nach Freiheit, selbst einer sinnlosen Freiheit, und so stehen sich autonome Freiheit und autonomes Maschinendasein gegenüber.

Was ist autonome Freiheit? Es ist Freiheit, in der sich der einzelne als Mittelpunkt des Universums sieht. Autonome Freiheit heißt Freiheit ohne Grenzen. So wie nun der Mensch anfängt, die Last des Maschinendaseins zu fühlen, schelten und fluchen Rousseau und andere gegen die Wissenschaft, die ihre menschliche Freiheit bedroht. Die jetzt propagierte Freiheit kennt keine Einschränkung und ist insofern autonom. Es ist unbegrenzte Freiheit. Es ist Freiheit, für die es in der rationalen Welt keinen Platz mehr gibt. Sie ist lediglich Ausdruck einer Hoffnung und des Versuches, das Individuum, den endlichen Einzelmenschen frei zu machen — und alles, was dabei herauskommt, ist individualistischer Selbstausdruck.

Um die Tragweite dieses Abschnittes im Werdegang des modernen Menschen richtig zu ermessen, müssen wir bedenken, daß bis dahin die philosophischen Schulen des Westens seit der Zeit der alten Griechen an drei gemeinsamen, wichtigen Prinzipien festhielten.

Zunächst einmal waren sie rationalistisch. Damit ist gemeint, daß der Mensch völlig und ausschließlich von sich selbst ausgeht, sich Informationen über die Einzeldinge verschafft und daraus die Allgemeinbegriffe ableitet. Das ist das richtige Verständnis des Wortes rationalistisch und der Sinn, in dem es in diesem Buche verwendet wird.

Zweitens glaubten sie alle an das Rationale, das Vernünftige. Das Wort Rational meint etwas anderes als das Wort „Rationalismus". Sie bewegten sich auf dem Boden der Gewißheit, daß das Vertrauen des Menschen in die Verläßlichkeit der Vernunft wohlbegründet war. Sie dachten in den Begriffen der Antithese. Wenn etwas wahr sein sollte, so konnte das Gegenteil nur unwahr sein. In der Moral konnte eine Handlung nur recht oder unrecht sein. Diese Art des Denkens läßt sich bis in die ersten Anfänge der Menschheitsgeschichte zurückverfolgen. Es gibt keine historische Basis für die Behauptung des späteren Heidegger, die Griechen vor Sokrates und Aristoteles hätten anders gedacht. Tatsächlich kann der Mensch gar nicht anders denken, und es ist ernüchternd festzustellen, daß man die Denkvoraussetzung der Antithese und der Rationalität auch wiederum nur auf Grund von Rationalität und Antithese ablehnen kann. Wenn ein Mensch sagt, das antithetische Denken sei falsch, so gebraucht er in Wirklichkeit eine Antithese, um die Antithese abzulehnen. Gott hat uns so gemacht, und es gibt keine andere Möglichkeit des Denkens. Deswegen ist eben das Grundaxiom der klassischen Logik, daß „A“ nicht „nicht A“ ist, und die Kenntnis dessen, was diese Methodologie der Antithese und ihr Verlust bedeuten, ist für das Verständnis des zeitgenössischen Denkens ungemein wichtig!

Das Dritte, was der Mensch von jeher durch die Philosophie zu erreichen versucht hat, war die Schaffung eines einheitlichen Erkenntnisfeldes. Zur Zeit Kants zum Beispiel hielt man diese Hoffnung, allem Druck zum Trotz, noch hartnäckig aufrecht. Man hoffte, daß Rationalismus plus Rationalität eine umfassende Antwort geben würden — eine Antwort, die alles Denken und allen Lebensinhalt umschließt. Mit nur geringfügigen Ausnahmen war die gesamte Geschichte der Philosophie bis zu und einschließlich Kant durch dieses Bestreben gekennzeichnet.

### „MODERNE“ MODERNE WISSENSCHAFTSTHEORIE

Bevor wir Hegel besprechen, der die nächste entscheidende Etappe auf dem Wege zum modernen Menschen darstellt, wollen wir einen Exkurs über den Wandel im naturwissenschaftlichen Denken einschieben, der mit dem bereits besprochenen Wandel des philosophischen Denkens zusammenhängt. Dies erfordert eine kurze Wiederholung. Die frühen Naturwissenschaftler glaubten an das Gesetz der Naturkausalität. Sie glaubten aber nicht an das Gesetz der Naturkausalität *in einem geschlossenen System.* Diese vier Wörter trennen Welten. Sie bezeichnen den Unterschied zwischen Naturwissenschaft und einer Naturwissenschaft, die sich auf die Philosophie des Naturalismus gründet. Sie bezeichnen den Unterschied zwischen dem, was ich moderne Wissenschaft und dem, was ich „moderne" moderne Wissenschaft nennen möchte. Es ist zu beachten, daß nicht etwa ein Versagen der Wissenschaft als solcher vorliegt, sondern daß sich das Gesetz der Naturkausalität im geschlossenen System als vorherrschende Philosophie der Wissenschaftler durchgesetzt hat.

Unter dem Einfluß, der von dem Gesetz der Naturkausalität in einem geschlossenen System ausging, umfaßt die Maschine nun nicht mehr nur den physikalischen Bereich, sondern sie umschließt jetzt überhaupt alles. Frühere Philosophen hätten eine solche Vorstellung rigoros abgelehnt. Bereits Leonardo da Vinci hatte verstanden, welche Konsequenzen sich daraus ergeben würden. Wir hatten oben gesehen, wie er wohl erkannte, daß, wer rationalistisch mit Mathematik beginnt, lediglich die Einzeldinge erfaßt und schließlich bei der Mechanik landet. Weil er das verstand, gab er die Suche nach den Allgemeinbegriffen nicht auf. In der Zeit aber, die wir jetzt erreicht haben, hatte das autonome niedere Element das höhere Element völlig verschlungen. Die „modernen" modernen Wissenschaftler fordern eine vollständige Einheit von oben und unten, doch auf Kosten des oberen Bereiches. Weder Gott noch Freiheit gibt es da noch — alles ist in die Maschine eingebaut. In der Naturwissenschaft trat somit der grundlegende Wandel ein, als das Gesetz der Naturkausalität zugunsten des Gesetzes der Naturkausalität *in einem geschlossenen System* aufgegeben wurde.

Wir müssen deutlich wahrnehmen, daß die Männer, die diesen Weg beschritten haben — und damit kommen wir zu der heutigen Situation — immer noch auf einer einheitlichen Erkenntnis beharren. Sie streben immer noch das klassische Ideal der Einheit an. Was ist das Ergebnis ihrer Bemühungen um ein einheitliches Gefüge? Sie schließen nicht allein die Physik in ihrem Naturalismus ein, sondern jetzt werden auch die Psychologie und die Sozialwissenschaften in die Maschine einbezogen. Sie fordern Einheit und keine Verschiedenheit. Der einzige Weg jedoch, Einheit zu erreichen, ist die gründliche Beseitigung jeglicher Freiheit. Somit befinden wir uns auf einem deterministischen Ozean ohne Ufer. Das Ergebnis der Suche nach Freiheit auf dem Boden des Gesetzes der Naturkausalität in einem geschlossenen System ist die völlige Preisgabe der Freiheit. Auch Liebe gibt es nicht mehr; die Frage nach dem Sinn des Lebens, um die jahrhundertelang gerungen worden war, wird nicht mehr gestellt. Mit anderen Worten: die Trennlinie ist nach oben verschoben worden und sie steht nun über allem — damit ist im oberen Bereich nichts mehr vorhanden.

---

~~Gott~~ ~~Liebe~~ ~~Moral~~
~~Freiheit~~ ~~Handlungsfähigkeit~~ ~~Mensch~~

Natur — Physik, Sozialwissenschaft und Psychologie — Determinismus

Natur, autonom geworden, hat sowohl Gnade als auch die Freiheit verschlungen. Das autonome niedere Element wird stets das höhere verschlingen. Überall dort, wo wir dem Dualismus Raum geben, also die Wirklichkeit entzweispalten und einen autonomen unteren Bereich schaffen, verschlingt dieser den oberen Bereich. Dieser Vorgang hat während der vergangenen Jahrhunderte mehrmals stattgefunden. Eine künstliche Scheidung der beiden Bereiche und die Autonomie auch nur eines der beiden hat immer zur Folge, daß der autonome Bereich den anderen umklammert.

Diese Entwicklung hat selbstverständlich auch auf dem Gebiet der Moral zu Rückwirkungen geführt. Die pornographischen Schriftsteller des zwanzigsten Jahrhunderts betrachten sich als Nachfolger des Marquis de Sade (1740 bis 1814). Das zwanzigste Jahrhundert hält ihn für einen bedeutenden Menschen — er wird nicht mehr als ein nur schmutziger Schriftsteller betrachtet. Wer vor zwanzig oder dreißig Jahren im Besitze eines seiner Bücher angetroffen wurde, wäre mit dem Gesetz in Konflikt gekommen. Heute ist sein Name im Drama, in der Philosophie und in der Literatur anerkannt. Nahezu alle „Black Writers“, die revolutionären Schriftsteller der heutigen Zeit, halten de Sade für ihr Vorbild. Warum das? Nicht nur, weil er ein Pornograph war oder weil er ihnen vorgemacht hat, wie sexuelle Darstellungen als Ausdrucksmittel für philosophische Gedankengänge zu gebrauchen sind. Vielmehr schätzt man ihn hauptsächlich wegen des chemischen Determinismus, den er vertrat. Er hatte begriffen, in welcher Richtung die Dinge zwangsweise laufen mußten, wenn der Mensch Teil einer großen Maschinerie ist. Er kam zu folgendem Schluß: Wenn der Mensch determiniert ist, dann ist alles, was geschieht, recht. Wenn das Leben lediglich ein Mechanismus ist — wenn das alles ist —, dann kommt es auf Moral nicht an. Die Moral wird zu einer Vokabel der soziologischen Struktur herabgemindert. Die Vorstellung von Gut und Böse ist dann nur noch ein Werkzeug der Manipulation durch die menschliche Gesellschaft inmitten einer mechanisierten Welt. Das Wort „Moral“ wird hier lediglich als Assoziationswort zur Bezeichnung der Nicht-Moral verwendet[1]). Alles was ist, ist recht.

---

[1] Assoziationswörter: Wörter die neben der allgemeinen Bedeutung zusätzliche Assoziationen auslösen. (Wobei im Gebrauch eine klare Definition oft willentlich unterlassen wird.) vgl. auch das Fremdwörterverzeichnis S. 95f.

Hieraus folgt ein zweiter Schritt — der Mann ist stärker als die Frau. Die Natur hat ihn so gemacht. Deswegen hat er das Recht, mit der Frau zu machen, was er will. Die Taten de Sades, deretwegen er sowohl unter der Monarchie als auch während der Republik im Gefängnis war — er hatte eine Prostituierte genommen und sie zu seinem eigenen Vergnügen geschlagen — waren der natürlichen Ordnung nach recht. Unser Wort *Sadismus* hat hier seinen Ursprung. Doch dürfen wir nicht vergessen, daß hinter dem Wort eine philosophische Vorstellung steht. Sadismus heißt nicht nur, jemandem mit Genuß Schmerzen zuzufügen. Vielmehr enthält dieser Begriff die Vorstellung, daß das, was ist, richtig sein muß, und daß der, dem die Natur die größere Kraft zuordnet, von daher schon im Recht ist. Sir Francis Crick heute und zuvor Freud in seiner These vom psychologischen Determinismus sagen nichts anderes, als was wir vom Marquis de Sade schon hörten — wir sind Teil des Mechanismus. Wenn dem so ist, ist de Sades Formel unausweichlich. Dann muß eben das, was ist, recht sein. Wir beobachten, wie in unserem kulturellen Leben das Prinzip verwirklicht wird, wonach man dem Menschen nur lange genug einreden muß, daß er eine Maschine ist und daß er sich dann entsprechend verhält. Überall sehen wir diese Auswirkungen — im Theater des Schreckens, in den Gewalttätigkeiten auf unseren Straßen, in den Kapitalverbrechen und in der Vernichtung des Menschenbildes in Kunst und Leben. Diese und andere Symptome sind natürlicher Ausdruck der historischen und philosophischen Entwicklung, deren Spuren wir verfolgen.

Was ist hier verkehrt? Wiederum ist es Thomas von Aquins Auffassung vom teilweisen Sündenfall, welche gewissen Bereichen eine autonome Struktur gibt. Sobald die Natur autonom wird, werden Gott, Gnade, Freiheit und schließlich sogar das wahre Menschsein verschlungen. Auch wenn sich der Mensch verzweifelt an das *Wort* „Freiheit“ klammert und es immer wieder im Munde führt, wie

Rousseau und seine Schüler, verwandelt sich die Freiheit in Unfreiheit.

## HEGEL

Wir kommen nun zum nächsten bedeutenden Schritt nach Kant. Wir haben schon gesagt, daß die klassische Philosophie und klassisches Denken drei gemeinsame Grundvoraussetzungen festhielten — Rationalismus, Rationalität, und die Hoffnung auf ein einheitliches Erkenntnisfeld. Vor Hegel (1770—1831) verlief alle philosophische Arbeit etwa in dieser Art: Jemand versuchte einen Kreis zu schlagen, der alles Denken und Leben umschreibt. Nach ihm erklärte ein anderer, diese Antwort genüge nicht, er wolle nun eine solche vorschlagen. Darauf kam wieder einer mit dem Einwand: „Du hast versagt, aber ich habe die richtige Antwort." Darauf ein anderer: „Ganz und gar nicht, so muß es sein;" der Nächste sagt wieder: „Nein." Wir brauchen uns nicht zu wundern, daß das Studium der Philosophiegeschichte kein reines Vergnügen ist.

Mit Kant waren die rationalistisch-rationalen Möglichkeiten der Philosophie erschöpft. Von rationalistischen Denkvoraussetzungen ausgehend, war zwischen den Bereichen des Höheren und Niederen eine derart große Spannung entstanden, daß sie im Begriffe waren, sich völlig voneinander zu trennen. Über Kant und Hegel führt der Weg zum modernen Menschen.

Was hat Hegel nun gebracht? Er stellte fest, daß man seit Jahrtausenden angestrengt versucht hatte, auf der Grundlage der Antithese eine Lösung zu finden, jedoch ohne Erfolg. Das humanistisch-philosophische Denken hatte versucht, an Rationalismus, Rationalität und Einheit festzuhalten, was aber ebenfalls nicht gelang. So schlug er einen neuen Weg vor. Auf lange Sicht hat sich dieser neue Weg Hegels dahin ausgewirkt, daß die heutige ältere Generation die junge Generation nicht mehr versteht.

Das mag sich eigenartig anhören, aber es ist wahr. Was Hegel brachte, war mehr als die Ablösung eines philosophischen Systems durch ein anderes. Er änderte die Spielregeln auf zwei Gebieten. Auf dem der Erkenntnistheorie, also der Lehre wie man zur Erkenntnis kommt und welches ihre Grenzen und ihre Gültigkeit sind; und der *Methodologie,* der Methodenlehre, das heißt, in welcher Weise wir an die Frage nach Wahrheit und Erkenntnis herantreten können.

Er sagte etwa wie folgt: Wir wollen jetzt nicht mehr nach dem Schema der Antithese denken. Wir wollen vielmehr These und Antithese miteinander vereinen, um die Antwort in der Synthese zu finden. Mit diesem Verfahren hat er die Welt grundlegend verändert. Die ältere Generation versteht die jüngere nicht, weil die jungen Menschen nicht mehr in den gleichen Voraussetzungen wie die Eltern denken. Sie haben nicht nur eine andere Meinung, sondern die Methodenlehre ist verändert.

Es wäre falsch zu sagen, der rationalistische Mensch hätte diesen Wandel angestrebt. Vielmehr kam es zu dieser Umwälzung aus der Verzweiflung darüber, daß das rationalistische Denken Jahrhunderte lang versagt hatte. So fiel die Entscheidung, beim Rationalismus zu verbleiben und die Rationalität preiszugeben.

Zwar wird Hegel gewöhnlich zu der Schule der idealistischen Philosophie gerechnet. Er hoffte, daß die Synthese schließlich eine vernünftige Antwort auf die Frage des menschlichen Daseins gäbe. Jedoch hat er die Voraussetzungen geschaffen, die den modernen Menschen kennzeichnen. Die Wahrheit ist nicht mehr unbedingte Wahrheit. Die Synthese (das sowohl-als-auch) mit ihrem Relativismus beherrscht das Denken.

Der sich gegen Gott auflehnende Mensch sieht sich selbst als Mittelpunkt des Universums und versteht sich daher als autonom. Darin besteht seine Rebellion. Der Mensch besteht auf seinem Rationalismus, auf seiner Rebellion, seiner totalen Autonomie oder autonomen Teilbereichen, selbst wenn er dabei seine Vernunft preisgibt.

## KIERKEGAARD UND DIE LINIE DER VERZWEIFLUNG

Auf Hegel folgte Kierkegaard (1813—1855) als erster wirklich moderner Mensch, weil er das annahm, was Leonardo und alle seine Vorgänger abgelehnt hatten. Er gab die Hoffnung auf ein einheitliches Erkenntnisfeld auf.

Zuerst lautete die Formulierung also:

Gnade
―――――
Natur

dann:

Freiheit
―――――
Natur

Jetzt wurde daraus:

Glaube
―――――
Vernunft

In der nachfolgenden Darstellung ist die Linie zeitlich zu verstehen. Das Höhere ist das Frühere, die tieferen Stufen sind als historisch später anzusehen. Die Stufen stellen verschiedene Wissensgebiete dar.

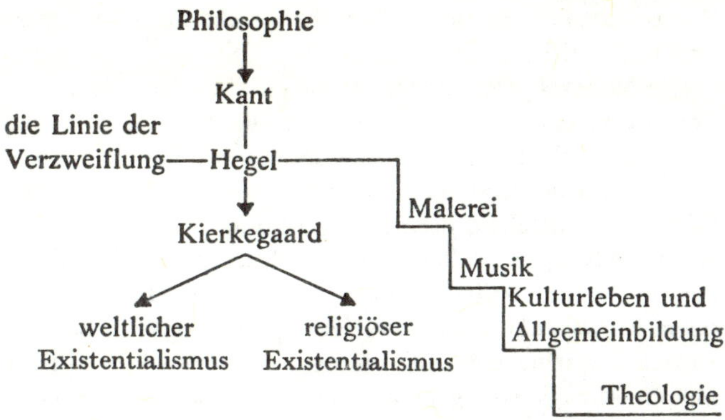


Diese neue Denkweise breitete sich in der Welt in drei verschiedenen Ebenen aus. Zunächst einmal geographisch, von Deutschland ausgehend. Sodann übernahmen Holland und die Schweiz diese Philosophie vor England, während Amerika die alte Denkweise noch längere Zeit beibehielt.

Außerdem hat sich das neue Denken je nach Gesellschaftsklasse ausgebreitet. Zuerst war die intellektuelle Oberschicht davon ergriffen. Dann übernahm es die Arbeiterklasse durch die Massenmedien. Der sogenannte Mittelstand blieb zunächst unberührt und ist zum Teil heute noch im traditionellen Denken verblieben. Dieser Mittelstand verdankt seine Existenz in mancherlei Hinsicht der Reformation und hat als Faktor der Stabilität einen gewissen Wert. Natürlich ist man sich der Ursache dieser Stabilität weithin nicht mehr bewußt. Sie verstehen nicht, warum sie in der alten Weise denken — sie handeln aus Gewohnheit und Erinnerung, obwohl sie die Gültigkeit des alten Denkens vergessen haben. Sie denken immer noch in der richtigen Weise, für sie ist Wahrheit Wahrheit und Recht Recht; doch fragen sie sich nicht mehr, warum. Wie könnten sie ihre Kinder, die Generation des zwanzigsten Jahrhunderts, noch verstehen, wenn diese in den neuen

Bahnen denken, in denen Wahrheit nicht mehr Wahrheit und Recht nicht mehr Recht ist?

Die Mehrzahl der Menschen haben die neue Denkweise ungeprüft übernommen. Es ist für die Menschen um so schlimmer, als ihnen die neue Denkweise förmlich übergestülpt wurde, weil sie ohne auf Kritik zu stoßen, in den Film, das Fernsehen, die Bücher, Zeitungen und Zeitschriften eingedrungen ist. Zwischen den Intellektuellen und der Arbeiterklasse befindet sich, relativ unbetroffen, der obere Mittelstand. Ohne Zweifel liegt eine unserer Schwierigkeiten darin, daß die meisten Gemeinden zu dieser oberen Mittelklasse gehören, und die Christen verstehen darum die heutige Generation nicht, weil diese von der Schule her durch eine andere Denkweise geprägt worden ist. Nicht was sie denken, sondern wie sie denken ist anders, und zwar so anders, daß, wenn man einem jungen Menschen sagt: „Die christliche Aussage ist Wahrheit", dieser Satz für ihn nicht das Gleiche bedeutet wie für den, der ihn ausspricht.

Weiterhin hat sich die Verbreitung des neuen Denkens durch die Wissens- und Lebensbereiche nach dem vorstehenden Schema zugetragen: Erst in der Philosophie, dann in Malerei, Musik und allen Sparten des kulturellen Lebens. Zum Schluß wird auch die Theologie erfaßt. In der Malerei wären hier die großen Impressionisten Van Gogh (1853—1890), Gauguin (1848—1903) und Cézanne (1839 bis 1906) zu nennen. Dann folgen die Postimpressionisten, und hier befinden wir uns bereits in der modernen Welt. In der Musik brachte Debussy (1862—1918) den Umschwung. In der Literatur denken wir an den jungen T. S. Eliot, in der Theologie hat Karl Barth das Tor geöffnet [1]).

[1] Eine eingehende Darstellung der Entwicklung unter der Linie der Verzweiflung auf diesen Gebieten (Philosophie, Kunst, Musik, Kulturleben und Allgemeinbildung und Theologie) bis zur Gegenwart findet sich in meinem Buch *Gott ist keine Illusion*, Genf, Wuppertal.

Diese, im obigen Diagramm dargestellte Linie, nenne ich die Linie der Verzweiflung. Das will nicht sagen, daß sich jeder unterhalb der Linie im Zustand dauernder Melancholie befindet, obwohl Leute wie zum Beispiel der Maler Francis Bacon tatsächlich melancholisch sind. Giacometti war verzweifelt — er starb in der Verzweiflung.

Was ist das Wesen dieser Verzweiflung? Sie hat jegliche Hoffnung einer zusammenhängenden Antwort auf alle Fragen des Wissens und des Lebens aufgegeben. Der moderne Mensch kann seinen Rationalismus und seine autonome Rebellion nur aufrecht erhalten unter dem Verzicht auf jegliche rationale Hoffnung auf eine einheitliche Antwort. Bis dahin versuchten die gebildeten Menschen sowohl an der Vernunft als auch an der Hoffnung auf einheitliche Erkenntnis festzuhalten. Der moderne Mensch hat seine Hoffnung auf die Einheit aufgegeben und ist der Verzweiflung verfallen. Verzweiflung, weil es für ihn nicht mehr denkbar ist, das von jeher angestrebte Ziel allen menschlichen Forschens irgendwie zu erreichen.

## 4. Kapitel

## DER SPRUNG

Mit diesem Schritt sind wir bei Kierkegaard und dem „Sprung" angelangt. Schon bei Kant hatten wir festgestellt, daß die Trennlinie zwischen Natur und den Allgemeinbegriffen (Universalien) sehr viel stärker geworden war. Kierkegaards Sprung machte nun endgültig Schluß mit jeglicher Hoffnung auf eine ganzheitliche Erkenntnis. Nach Kierkegaard verbleiben wir mit diesem Bild:

Optimismus muß nicht-rational sein

---

Alle Rationalität = Pessimismus

Die Hoffnung auf eine Vereinigung der beiden Wirklichkeitsbereiche ist aufgegeben, es gibt zwischen ihnen keine Wechselbeziehung mehr — die Bereiche des Höheren und des Niederen sind völlig entzweigespalten. Die Linie zwischen den beiden Bereichen ist jetzt eine dicke Betonschicht geworden, Hunderte von Metern stark und mit elektrisch geladenem Stacheldraht gesichert.

Was uns bleibt, sieht jetzt etwa so aus: Unterhalb der Linie werden die Vernunft und die Logik bejaht. Der obere Bereich ist nicht logisch und nicht rational. Zwischen ihnen gibt es keinerlei Beziehungen. Mit anderen Worten, im unteren Bereich, nach aller Erkenntnis des Verstandes, ist der Mensch als Mensch tot. Er findet da nur die Mathematik, die Einzeldinge, ein mechanistisches Prinzip vor. Es gibt keinen Sinn, keinen Zweck, keine Bedeutung für das Dasein des Menschen als Mensch, nur Pessimismus. „Oben" aber, auf Grund eines nicht-rationalen, un-vernünftigen Sprunges, wird ein vernunft-loser Glaube angenommen, der Optimismus vermittelt. Dies ist die totale Zwiespältigkeit im modernen Menschen.

Für diejenigen von uns, die aus einem christlichen oder gehoben bürgerlichen Gesellschaftskreis kommen, ist es schwer, die Unüberwindbarkeit dieser Trennlinie so zu empfinden, wie sie dem Menschen des zwanzigsten Jahrhunderts, mit der Geistesprägung des linken Seineufers in Paris oder der Londoner Universität, unmittelbar bewußt ist. Unserer Anschauung nach müßte doch zwischen den beiden Bereichen ein Austausch stattfinden. Die Antwort unserer Zeit aber ist: „Nein, es hat keinen gegeben und es wird nie einer sein." Wenn der Mensch je geglaubt hat, daß eine Beziehung bestände, so war dies nur eine Illusion. Auf dem Grund aller Verstandeserkenntnis ist der Mensch bedeutungslos. Von der Rationalität und Logik her ist er schon immer tot gewesen. Es war eine eitle Hoffnung zu meinen, er wäre nicht tot.

So ist die Aussage zu verstehen, der Mensch sei tot. Das bedeutet nicht, daß er einmal lebendig war und jetzt tot ist. Er war schon immer tot, nur reichte das Wissen nicht aus, um sein Totsein zu erkennen[1]).

---

[1] Im Marxismus wurde der Staat als eigenmächtiges Absolutum eingesetzt, das weitere eigenmächtige Absoluta hervorbrachte. So entstand in der Mitte des Hegelschen Materialismus eine Einheit. Die Künstler waren anfänglich Stützen der Revolution, dann aber wurden sie zu einer Bedrohung, die unterdrückt werden mußte. Denn sie setzten Zweifel in die Möglichkeiten des Staates, das Individuum zu schützen und die natürliche Entwicklung vom Hegelschen Denken zu überhandnehmender Sinnlosigkeit aufzuhalten, eine Entwicklung, die sich im Westen abzeichnete. Der Hegelsche Relativismus bestimmt jetzt beide Seiten des eisernen Vorhangs. Hier wie dort ist der Mensch tot: Der Westen weist darauf hin, wie das Individuum in den kommunistischen Staaten durch politische Unterdrückung und Gehirnwäsche seine Bedeutung verliert. Das Individuum verliert aber auch im Westen seine Bedeutung, was zweierlei Folgen haben kann: die Unterdrückung beider, sowohl des Individuums wie auch des wachsenden Chaos'. Dabei denken wir an John Kenneth Galbreiths Vorschlag eines „akademisch-wissenschaftlichen Establishments als Staatselite" oder an Allen Ginsbergs Konzept eines Kastensystems nach indischem Muster.

Von Kierkegaard gehen zwei Entwicklungslinien aus — der weltliche und der religiöse Existentialismus.

Der weltliche Existentialismus hat drei Hauptzweige: Jean-Paul Sartre (geb. 1905) und Albert Camus (1913 bis 1960) in Frankreich; Karl Jaspers (1883—1969) in der Schweiz und Martin Heidegger (geb. 1889) in Deutschland. Zunächst Jean-Paul Sartre. Rational betrachtet ist die Welt absurd und wir müssen versuchen, uns darin selbst zu verwirklichen. Diese Selbstverwirklichung erfolgt durch einen Willensakt. Wenn einer also im Auto die Straße entlang fährt und sieht jemand bei strömendem Regen am Straßenrand stehen, dann hält er an, läßt ihn einsteigen und nimmt ihn für eine Wegstrecke mit. Es ist absurd, aber was macht das? Er ist ein Nichts, die Situation ist ein Nichts, aber er hat sich selbst durch einen Willensakt verwirklicht. Die Schwierigkeit ist aber die, daß die Selbstverwirklichung keinen rationalen oder logischen Inhalt hat — alle Zielsetzungen von Willensakten sind gleichwertig. Infolgedessen könnte unser Fahrer ebensogut, wenn er den Mann im Regen sieht, auf den Gashebel treten und ihn überfahren. Er hat sich so in gleicher Weise durch einen Willensakt verwirklicht. Können wir dieses Dilemma erfassen? Wenn ja, dann können wir um den modernen Menschen in seiner hoffnungslosen Lage nur noch Tränen vergießen.

Weiter zu Jaspers. Er ist im Grunde Psychologe und spricht von einer „Grenzsituation", das heißt einer Situation, einer Erfahrung, die so gewaltig ist, daß man dadurch die Gewißheit des eigenen Seins und die Hoffnung auf einen sinnvollen Lebensinhalt bekommt — selbst wenn gar kein rationaler Anlaß zu einer solchen Hoffnung besteht. Diese völlig vom Rationalen abgetrennte Erfahrung einer Grenzsituation ist deswegen problematisch, weil man ihren Inhalt weder anderen, noch sich selbst mitteilen kann. Ein Student an der Freien Universität in Amsterdam hat einmal versucht, sich auf solch ein Grenzerlebnis zu stützen. Er wanderte eines Abends über eine Waldwiese und hatte dabei eine Erfahrung dieser Art, daß er meinte, das Leben habe letztlich einen Sinn. Ich traf ihn zwei Jahre nach diesem Ereignis, er war dem Selbstmord nahe. Man muß sich das vorstellen — der ganze Sinn des eigenen Lebens soll sich auf eine einmalige Erfahrung gründen, ein Erlebnis, das man nicht einmal sich selbst faßbar machen kann, es sei denn durch wiederholtes Sich-Einreden, daß es einmal geschehen ist. Am nächsten Morgen mag es noch stark im Gedächtnis haften, was aber bleibt zwei Wochen — zwei Jahre später? Wie hoffnungslos ist die Hoffnung, die sich auf diese Grenzsituation stützt.

Zudem kann man sich auf die Erfahrung einer Grenzsituation nicht vorbereiten. Deshalb mußte Jaspers seinen besten Schülern immer wieder einschärfen, daß sie nicht gewiß sein können, beim Selbstmord eine Grenzsituation zu erleben — denn diese Menschen waren ernstlich entschlossen, selbst einen solchen Schritt zu tun. Es gibt keinen Weg, sich für eine Grenzsituation bereit zu machen. Diese Erfahrung gehört zum oberen Bereich — sie geschieht unvermittelt.

Drittens haben wir Heideggers Begriff der *Angst*. *Angst* ist nicht einfach Furcht, denn Furcht hat einen bestimmten Anlaß. *Angst* ist ein unbestimmtes Gefühl des Unbehagens — das unheimliche Gefühl, das uns beschleicht, wenn wir ein Haus betreten, in dem es spuken soll. Heidegger gründet alles auf diese Grundstimmung der Angst. So ist es vollkommen gleichgültig, welche Begriffe wir als Ausdruck des oberen Bereiches gebrauchen. Das Grundmerkmal des existentialistischen Systems liegt in dem Sprung. Hoffnung ist aus dem rationalen unteren Bereich ausgesperrt.

Heute gibt es fast keine Philosophie im klassischen Sinne des Wortes mehr — es ist eigentlich alles Antiphilosophie. Niemand glaubt mehr, daß die großen Fragestellungen rationale Antworten finden können. Die angelsächsischen Sprachphilosophen haben sich von den großen Fragen zurückgezogen, indem sie die Philosophie auf einen kleineren Bereich beschränken. Sie beschäftigen sich mit der Definition von Wörtern und begrenzen so ihr Tätigkeitsgebiet auf den unteren Bereich. Die Existentialisten haben sich mehr an den klassischen Begriff der Philosophie gehalten, indem sie die großen Fragen in Angriff nehmen. Sie bejahen jedoch uneingeschränkt die Dichotomie (Zwiespältigkeit) zwischen Rationalität und Hoffnung.

Was den Menschen zum modernen Menschen macht, ist diese Dichotomie und nicht etwa die vielfältigen Begriffe, die er durch den Sprung in den oberen Bereich hineinträgt. Ob es säkulare oder christlich-religiöse Begriffe sind, die er „oben" einordnet, ist völlig belanglos, solange er in dieser Dichotomie verwurzelt bleibt. Hierin unterscheidet sich der moderne Mensch einerseits von dem Menschen der Renaissance, der auf eine humanistische Einheit hoffte, und andererseits von dem Menschen der Reformation, der tatsächlich eine rationale Einheit oberhalb und unterhalb der Linie auf Grund der biblischen Offenbarung besaß.

## RELIGIÖSER EXISTENTIALISMUS

Das im weltlichen Existentialismus zutage tretende Grundschema findet sich auch in Karl Barths System und den neuen Theologien, die sein System erweitert haben. Zwischen den Bereichen oberhalb und unterhalb der Linie gibt es keine rationale Wechselbeziehung. Barth hielt an den Theorien der historisch-kritischen Bibelforschung fest, wonach die Bibel zwar Irrtümer enthält, wir ihr aber dennoch glauben sollen. „Religiöse Wahrheit" ist von der historischen Wahrheit der Schrift abgetrennt; somit ist dem Verstand kein Raum gelassen und es gibt keinen Anhaltspunkt zur Verifikation. Dies ist die religiöse Version des Sprunges. Thomas von Aquin öffnete dem im unteren Bereich unabhängigen Menschen die Tür durch eine Naturtheologie und eine Philosophie ohne Bindung an die Schrift. Im weltlichen Denken hat dies zu der Notwendigkeit geführt, schließlich alle Hoffnung in einen nichtrationalen oberen Bereich zu setzen. Gleicherweise muß der Mensch im neo-orthodoxen theologischen Denken einen blinden Sprung machen, da ihm, als ungeteiltem Menschen, die Suche nach Gott auf rationaler Ebene verschlossen bleibt. Die neo-orthodoxe Theologie ordnet den Menschen noch tiefer ein als die Bibel den gefallenen Menschen. Die Reformation und die Schrift sagen, daß der Mensch nichts tun kann, um sich selbst zu erretten, doch kann er mit seinem Verstand in den Schriften forschen, welche nicht nur über „religiöse Wahrheit", sondern auch über Geschichtsablauf und Gestalt des Universums wahre Aussagen machen. Als ungeteilter Mensch, mit Beteiligung des Verstandes, hat er nicht nur die Möglichkeit, sondern auch die Verantwortung, in der Schrift zu forschen.

Die Art der Begriffe, die im Bereich oberhalb der Linie stehen, verändern das Grundschema nicht. Was das System betrifft, macht es keinen Unterschied, ob religiöse oder weltliche Begriffe verwendet werden. Wichtig ist in diesem Denksystem der immer in der einen oder anderen Form wiederkehrende Hinweis auf die von Kierkegaard nachdrücklich formulierte Notwendigkeit des Sprunges. Da die Trennung des Rational-Logischen von dem Nichtrationalen und Nichtlogischen total ist, muß es auch ein totaler Sprung sein. Glaube, ganz gleich, ob er in weltlichen oder in religiösen Begriffen formuliert ist, wird zu einem Sprung ohne jegliche Verifikationsmöglichkeit, weil er von allem Logischen und Vernunftgemäßen gänzlich getrennt ist. Es wird nun klar, wie die neuen Theologen auf dieser Grundlage sagen können, es sei belanglos, daß die Bibel im historischen und naturwissenschaftlichen Gebiet voller Fehler ist.

Es spielt keine Rolle, welche Vokabeln wir gebrauchen. Der Sprung ist ein gemeinsamer Zug aller Bereiche des modernen Denkens. Der Mensch ist zu diesem Verzweiflungssprung gezwungen, weil er nicht einfach wie eine Maschine leben kann. Das ist nun der moderne Mensch. Das ist der moderne Mensch, wie er in seiner Malerei, in seiner Musik, in der Literatur, im Drama oder in seiner Religion zum Ausdruck kommt.

## DIE MODERNE THEOLOGIE

In der Sprache der modernen Theologie finden wir genau definierte Wörter nur unterhalb der Linie:

Das Nicht-Rationale — Assoziationswörter

---

Das Rationale — definierte Wörter

Oberhalb der Linie hat der moderne Theologe undefinierte Wörter. In der Theologie des Sprunges hängt alles am unbestimmten Begriff. Tillich zum Beispiel spricht von Gott jenseits von Gott — wobei das erste Wort „Gott" völlig undefiniert bleibt. Klar definierte Begriffe aus Naturwissenschaft und Geschichte befinden sich unterhalb der Linie; oberhalb der Linie sind nur Wörter, die Assoziationen auslösen sollen. Ihr Wert für den modernen Theologen liegt eben darin, daß sie *nicht* definiert sind.

Die moderne Theologie scheint dem säkularen Existentialismus gegenüber im Vorteil zu sein, weil sie Wörter gebraucht, deren starker Begriffsinhalt tief im Gedächtnis der Menschheit verwurzelt ist, Wörter wie „Auferstehung", „Kreuzigung", „Christus", „Jesus". Diese Wörter täuschen eine verläßliche Aussage vor. Ihr Wert für die modernen Theologen liegt in der Illusion einer echten Mitteilung, und dazu in den kräftigen Reaktionen, zu denen die Menschen durch den Bedeutungsgehalt dieser Wörter angetrieben werden. Deswegen ist die neue Theologie dem weltlichen Existentialismus und dem modernen weltlichen Mystizismus überlegen. Das Wort „Jesus" wird gehört und treibt zur Tat, sein Sinn aber wird nie genau bezeichnet. So werden diese Wörter immer im Bereich des Irrationalen, des Nichtlogischen verwendet. Losgelöst von der Geschichte und der kosmischen Weltordnung, sind sie von jeder rationalen Prüfung auf Wahrhaftigkeit durch die im unteren Bereich waltende Vernunft ausgeschlossen und es gibt keine Gewißheit, ob im oberen Bereich überhaupt etwas ist. Wir müssen deshalb verstehen, daß diese Trennung eine Tat der Verzweiflung ist, durch die jegliche Hoffnung aus dem Bereich der Vernunft ausgeschlossen wird. Dies ist ein wirklicher Akt der Hoffnungslosigkeit, an der auch der Gebrauch religiöser Vokabeln nichts ändert.

### ERFAHRUNGEN IM OBEREN BEREICH

Der nach dem Bilde Gottes geschaffene Mensch kann nicht leben, als wäre er ein Nichts, und so setzt er allerlei verzweifelte Hilfsmittel in den oberen Bereich. Um darzustellen wie gleichgültig es ist, was wir in dem oberen Bereich unterbringen, will ich versuchen, die Mannigfalt dieser Dinge zu zeigen.

Wir haben schon Beispiele von Sartres „existentieller Selbstverwirklichung", Jaspers „Grenzsituation" und Heideggers „Angst" zitiert. In jedem Fall ist der Mensch im Blick auf Rationalität und Logik tot.

Aldous Huxley hat zu diesem Denkverfahren noch etwas überaus Wesentliches hinzugefügt. Er gebrauchte den Begriff „ein erstrangiges Erlebnis". Um solch ein erstrangiges Erlebnis zu erzielen, befürwortete er den Gebrauch von Drogen. Ich habe mit vielen intelligenten Menschen zu tun gehabt, die LSD nahmen, und habe kaum welche gefunden, die sich nicht darüber klar waren, daß sie dazu von Aldous Huxleys Lehre von dem „erstrangigen Erlebnis" angeregt worden sind. Huxley geht von der Annahme aus, daß das Leben im unteren Bereich — Natur — absurd ist, ohne jeden Sinngehalt. So nimmt man eine Droge, um auf diese Weise eine unmittelbare, mystische Erfahrung zu machen, die in keiner Beziehung zur rationalen — absurden, sinnlosen — Welt steht. Jaspers sagt, wie wir vorher sahen, daß man sich auf eine Grenzerfahrung nicht vorbereiten kann. Huxley dagegen klammerte sich an die Hoffnung, daß eine Vorbereitung durch Einnahme von Drogen möglich *ist.* Je mehr die Menschen des zwanzigsten Jahrhunderts zu der Überzeugung kommen, daß unsere Kultur, nach den Worten von Timothy Leary, eine Gesellschaftskulisse ist, wenden sie sich dem Gebrauch von Rauschgift zu.

Der eigentliche Grund, weshalb heute Drogen bewußt eingenommen werden, liegt nicht in der Wirklichkeitsflucht oder im Nervenkitzel, sondern in der Hoffnungslosigkeit der Menschen. Rationalität und Logik allein geben dem Leben keinen Sinn, und die Kultur verliert jeden Wert. So sucht der Mensch eine Antwort in „erstrangigen Erlebnissen", im „High". Dies ist der eigentliche Hintergrund der heutigen Rauschgiftsucht, wobei eine Beziehung besteht zu der tausendjährigen pantheistischen Tradition des Ostens, denn die orientalischen Mystiker haben schon seit vielen Jahrhunderten Haschisch gebraucht, um religiöse Erlebnisse herbeizuführen. Die Rauschgiftsucht ist also nicht neu, auch wenn sie uns neu erscheint. In dem Buch „*The Humanist Frame*"[1]), dessen letztes Kapitel Aldous Huxley verfaßte, hat er, der schon kurz vor seinem Tode stand, immer noch dafür plädiert, daß gesunde

---

[1] Allen and Unwin, London 1961

Leute Drogen gebrauchen sollten, um zu der „erstrangigen Erfahrung" zu kommen. Das war seine Hoffnung.

Der optimistische, evolutionäre Humanismus ist ein weiteres Beispiel für die Tatsache, daß es, nach der Spaltung der Welt in einen oberen und unteren Bereich, keine Rolle mehr spielt, welche Begriffe man in den oberen Bereich legt. Julian Huxley vertrat diese Idee. Der optimistische, evolutionäre Humanismus läßt sich nicht rational begründen. Die hierbei vertretene Hoffnung wurzelt in dem Sprung zum „mañana". Wer nach Beweisen fragt, wird immer auf morgen vertröstet. Dieser Optimismus ist ein Sprung; es ist töricht, daß wir, bis in unsere Universitäten hinein, klein beigeben und denken, die Humanisten hätten für den optimistischen Teil ihrer Schlagworte eine rationale Grundlage. Sie haben keine — sie sind irrational. Julian Huxley hat dies auch selbst in der Praxis zugegeben, denn er hat die Grundthese aufgestellt, daß die Menschen ihre Rolle besser spielen, wenn sie glauben, es gäbe einen Gott. Nach Huxley gibt es keinen Gott, aber wir sollen dennoch von einem Gott sprechen. Mit anderen Worten: Während Aldous Huxley mit dem Rauschgift rechnet, so rechnet Julian Huxley mit einem religiösen Sprung, selbst wenn es für ihn eine Lüge ist — denn es gibt ja keinen Gott. Deswegen wurde Julian Huxley auch durchaus sich selbst nicht untreu, als er zu Teilhard de Chardins *„Das Phänomen Mensch"* [1]) die Einleitung schrieb. Beide sind in der Philosophie des Sprunges verfangen. Der bloße Gebrauch religiöser Wörter an Stelle von nichtreligiösen Wörtern ändert an der Sache nichts, nachdem die Zwiespältigkeit und der Sprung einmal akzeptiert worden sind. Manche Standpunkte erscheinen uns weiter entfernt und schockierend; andere vertrauter — und doch gibt es keinen wesensmäßigen Unterschied.

In einer Sendung des britischen Rundfunks behandelte

---

1 Collins, London; Harper and Row, New York 1959

Anthony Flew vor einigen Jahren die Frage: „Lohnt sich die Moral?" [2]) Er brauchte seine Sendezeit, um auf Grund seiner eigenen Voraussetzungen darzulegen, daß sich die Moral nicht lohnt. Und doch zeigte er sich dieser Folgerung nicht gewachsen, denn ganz am Ende und völlig aus der Luft gegriffen, kam er mit der Auffassung heraus, daß ein Mensch trotz der Nutzlosigkeit der Moral doch wohl kein Narr sei, wenn er gewissenhaft handelt. Das war ein gewaltiger Sprung, ohne jede Begründung, weshalb der gewissenhafte Mensch kein Narr ist, und ohne irgendwelche Begriffsbestimmung des Wortes „gewissenhaft".

Es ist ein bezeichnender Zug des rationalistischen, humanistischen Menschen, daß er damit begann, das Christentum als nicht rational genug zu erklären. Nun hat er einen weiten Bogen geschlagen und endet als Mystiker — wenn auch als Mystiker von ganz besonderer Art. Er ist ein Mystiker, der niemanden hat, an den er sich wenden könnte. Die Vertreter der alten Mystik nahmen ein Gegenüber an, wogegen der neue Mystiker meint, das sei belanglos, weil es allein auf den Glauben ankomme. Es ist Glaube an den Glauben, ganz gleich, ob er in weltlichen oder religiösen Begriffen ausgedrückt wird. Der Sprung ist das Wesentliche und nicht die Begriffe, in denen der Sprung sich ausdrückt. Der sprachliche Ausdruck, das heißt das symbolische System, kann sich ändern. Ob die Systeme religiös sind oder nicht, ob das eine Wort oder das andere gebraucht wird, ist belanglos. Der moderne Mensch ist gebunden, seine Antwort im oberen Bereich zu suchen, und dazu muß er springen, weg von der Rationalität und weg vom Verstand.

---

[2] The Listener, 13. 10. 1966

Vor einiger Zeit hatte ich an einer englischen Universität, in der die Sprachphilosophen die Christen angreifen, eine Diskussion zu leiten. Einige von ihnen wohnten dem Gespräch bei. In dessen Verlauf wurde ihre Taktik offenbar. Sie bauten vorweg ihr eigenes Ansehen durch vernünftige Definition von Begriffen im Bereich unterhalb der Linie auf. Ganz unvermittelt sprangen sie dann über die Linie zu einem optimistischen, evolutionären Humanismus und griffen nun das Christentum auf Grund des in ihrem eigenen Bereich errichteten Prestiges an. Etliche von ihnen haben sich sehr zu Recht einen Ruf als rationale Denker in der Wortdefinition erworben. Doch bei ihrem Angriff auf die christliche Lehre setzen sie sich eine andere Maske auf, machen einen Sprung und begründen ihren Anlauf mit einem Humanismus ohne jegliche Beziehung zu der im unteren Bereich liegenden Sprachanalyse. Wie schon gesagt, ist die Sprachanalyse eine Antiphilosophie in dem Sinne, daß diese Männer in ihrem philosophischen Konzept selbst Grenzen gesetzt haben. Sie stellen die großen Fragen nicht mehr, die sich die klassische Philosophie immer gestellt hat. Daher ist alles, was sie zu diesen Fragen aussagen, ohne Beziehung zu ihrem Wissensgebiet und der darin erworbenen Geltung.

Es ist heute beachtenswert, daß, nachdem der Existentialismus und in einer anderen Weise die „definierende Philosophie", Antiphilosophien geworden sind, die eigentliche philosophische Arbeit in die Hände jener zu gleiten scheint, die nicht die Lehrstühle der Philosophie innehaben — der Romanschriftsteller, der Filmproduzenten, der Jazzmusiker, der Hippies und sogar der radikalen Gruppen der neuartigen Opposition. Diese sind die Menschen, die in unserer Zeit die großen Fragen stellen und sich mit ihnen auseinandersetzen.

## 5. Kapitel

# DIE KUNST ALS SPRUNG

Wir sahen, wie von Rousseaus Zeit an die Spaltung zwischen Natur und Freiheit verlief. Natur war Ausdruck des Determinismus, der Maschine, geworden und der Mensch hatte keine Hoffnung, der Maschine zu entrinnen. Im oberen Bereich hingegen fanden wir den um die Freiheit ringenden Menschen. Die angestrebte Freiheit war eine absolute Freiheit ohne jegliche Einschränkung. Kein Gott, kein allgemeines Prinzip war da, um sie einzuschränken, so daß sich der Einzelmensch in totaler Freiheit entfalten konnte. Und doch spürte er gleichzeitig den Fluch, in der Maschine gefangen zu sein. Dies ist das Spannungsfeld des modernen Menschen.

In den Künsten spiegelt sich diese Spannung in vielfältiger Weise wieder. Sie bietet eine teilweise Erklärung dafür, warum viele der zeitgenössischen Kunstwerke, die das eigentliche Wesen des Menschen ausdrücken, als häßlich empfunden werden. Ohne sich dessen bewußt zu sein, stellt der Künstler doch das Wesen des gefallenen Menschen dar, des Menschen, der wunderbar im Bilde Gottes geschaffen war, jetzt aber durch den Fall verdorben ist. Je mehr der Mensch anstrebt, seine Freiheit in autonomer Weise darzustellen, wird vieles, wenn nicht alles, in seinem Kunstschaffen sinnlos und abstoßend. Im Gegensatz dazu gewinnen viele industrielle Konstruktionen wohlgeordnete Formen von echter Schönheit. Ich denke, die Erklärung für die zunehmende Eleganz vieler technischer Entwürfe liegt darin, daß sie den Schwung des Vorhandenen nachzeichnen — sie passen sich den Formen an, die man im Universum vorfindet. Hier sehen wir auch, wie die Naturwissenschaft als solche keine autonome Freiheit kennt, sondern sich an das Gegebene halten muß. Selbst wenn der Wissenschaftler oder der Philosoph alles für zufällig und sinnlos erklärt, findet er doch eine Schranke, sobald er das Universum betritt, denn, ungeachtet seines philosophischen Systems muß er sich an das halten, was er dort vorfindet.

Wenn die Wissenschaft nicht so vorgeht, ist sie keine Wissenschaft mehr, sondern Scheinwissenschaft. Wie die Wissenschaft, so ist auch die industrielle Gestaltung an die Form des Universums gebunden und deshalb oft viel schöner als die „Kunst", welche Ausdruck der Auflehnung, der Häßlichkeit und der Hoffnungslosigkeit des Menschen ist. Wir kommen nun zu einigen künstlerischen Ausdrucksformen, in denen sich der Sprung in den oberen Bereich vollzieht.

### DICHTUNG: DER SPÄTERE HEIDEGGER

Heidegger konnte sich mit seinem Existentialismus nicht abfinden und veränderte seinen Standpunkt — nachdem er über siebzig Jahre alt war. Er beschließt sein Buch *„Was ist das — die Philosophie?"* [1]) mit der Ermahnung, „schaut auf die Dichter". Wenn er sagt, „auf den Dichter hören", ist jedoch nicht das Hören auf den Inhalt der dichterischen Aussage gemeint. Der Inhalt ist unwesentlich — wir könnten auf sechs sich gegenseitig widersprechende Dichter hören. Es ist einerlei, weil der Inhalt zum Gebiet der Rationalität aus dem unteren Bereich gehört. Das Wesentliche ist nur, daß es überhaupt Dichtung gibt — und Dichtung wird in den oberen Bereich verlegt.

Heideggers Standpunkt läßt sich wie folgt beschreiben: Ein Teil des Seienden ist das Wesen Mensch, das sich durch Sprache ausdrückt. Weil also im Weltall Worte erklingen, gibt es eine Hoffnung, daß das Sein, und so auch das Dasein, einen Sinn haben könnten. So stellen wir lediglich

[1] Neske, Pfullingen 1956

fest, daß der Dichter ist und durch sein bloßes Dasein wird der Poet zum Propheten des Seins. Weil die Dichtkunst mit uns ist, hoffen wir mehr im Leben zu finden, als was wir rational und logisch feststellen können. Dies ist somit ein weiteres Beispiel für ein irrationales „Oben" ohne jeden Inhalt.

## KUNST: ANDRE MALRAUX

Malraux ist eine fesselnde Persönlichkeit. Er war Existentialist, kämpfte in der Widerstandsbewegung, nahm Rauschgift, führte zeitweise ein rauhes und ungestümes Leben und erschien schließlich im Amt des Kulturministers von Frankreich. Der letzte Teil seines Buches: *„Les voix du silence"* [1]) ist überschrieben „Nachernte des Absoluten". Er zeigt darin ein sehr klares Verständnis für den durch das Sterben der Hoffnung auf ein Absolutum in unserer Zeit herbeigeführten Umbruch.

Es gibt eine ganze Reihe von Büchern, die sich mit Malraux auseinandersetzen. Einige von diesen werden in der Ausgabe des *New York Review of Books* vom 6. Oktober 1966 besprochen. Wir finden dort folgenden Kommentar: „Alle Werke von Malraux weisen ... ohne Aussicht auf Lösung auf eine innere Zerrissenheit zwischen zumindest zwei Standpunkten hin: Einem grundsätzlichen Antihumanismus (der je nach den Umständen durch intellektuellen Hochmut, durch Machtstreben, durch Erotik und so weiter dargestellt ist) und einem letztlich irrationalen Streben nach Mitmenschlichkeit, einer rational nicht zu rechtfertigenden Entscheidung zugunsten des Menschen."

In anderen Worten: Malraux ist zerrissen — im oberen Bereich befindet sich etwas aus der Kunst, das sich in keiner Weise rational begründen läßt. Das ist das Streben eines von der Rationalität abgetrennten Menschen. Auf

[1] Secker and Warburg, London 1954

dem Grund des Vernünftigen hat er keine Hoffnung, so ist sein Aufblick zur Kunst ein Kunstgriff, sich Hoffnung zu verschaffen. Kunst bietet einen Anknüpfungspunkt, ein Sprungbrett, einen Hoffnungsschimmer auf Freiheit inmitten von all dem, was der Verstand als unwirklich erkennt. Der Mensch steht unter dem Fluch und weiß es, und doch schaut er zur Kunst empor, um dort eine Hoffnung zu finden, von der er verstandesgemäß weiß, daß es sie nicht gibt. Die Buchbesprechung fährt fort: „Malraux erhebt sich über diese Verzweiflung, indem er sich selbst und andere in beredter Weise aufruft, die Identität des Menschen in der Zeitlosigkeit des Kunstschaffens zu erkennen." So ist also Malrauxs Lebenswerk — seine Romane, seine Kunstgeschichte, sein Werk als französischer Kulturminister — ein gigantischer Ausdruck dieser Kluft und des Sprunges.

Das uns umgebende System von Zwiespalt und Sprung ist ein monolithischer Block, in dem wir auch den Engländer Sir Herbert Read eingespannt finden. Er beweist sein Verständnis für diese Zusammenhänge, wenn er in *„Die Philosophie der modernen Kunst"*[1]) über Gauguin sagt: „Gauguin setzte (als Maler) seine Liebe zum Schönen an die Stelle der Liebe des Menschen für seinen Schöpfer." Er sieht aber auch, daß die Vernunft der Mystik des Kunstschaffens weichen muß — nicht nur theoretisch, sondern als Ausgangspunkt des Erziehungssystems von morgen[2]). So wird auch von Sir Herbert Read die Kunst als die nur durch den Sprung erreichbare Antwort dargestellt.

---

1 The Philosophy of modern Art. Faber, London, 1952

2 "Whatever Happened to the Great Simplicities", Saturday Review, 18. 2. 1967

Ein weiteres Beispiel bietet Picasso. Er versuchte, mit Hilfe der Abstraktion ein Allgemeines zu schaffen. Seine abstrakten Bilder hatten einen Punkt erreicht, wo es nicht mehr darum ging, eine Blonde von einer Brünetten, oder einen Mann von einer Frau, nicht einmal einen Menschen von einem Stuhl zu unterscheiden. Die Abstraktion war so weit gediehen, daß er auf der Leinwand seine eigene Welt erschuf — zu jener Zeit schien er dabei recht erfolgreich die Rolle Gottes zu spielen. In dem Augenblick aber, als er begann, das Allgemeine und nicht das Besondere zu malen, stieß er kopfüber auf ein Dilemma des modernen Menschen — den Verlust der Kommunikation. Der Betrachter findet keine Beziehung zum Gegenstand des Bildes — er kann ihn nicht erkennen. Was nützt es einem Menschen, auf einer zwei mal vier Fuß großen Fläche Gott zu sein, wenn keiner versteht, was er sagen will?

Es ist jedoch lehrreich zu sehen, was geschah, als Picasso sich verliebte: Er schrieb über seine Leinwand „J'aime Eva". Nun war plötzlich eine Verbindung zwischen den Betrachtern des Bildes und Picasso hergestellt. Es war aber eine irrationale Verbindung. Sie gründete sich auf seine Liebe zu Eva, was uns verständlich ist, nicht aber auf den Gegenstand des Gemäldes, den wir nicht verstehen. Hier ist wieder ein Sprung. Wenn der Maler auf rationale Weise sein eigenes Allgemeines zu schaffen versucht, verliert er logischerweise die Aussagekraft. Sie wird aber wieder hergestellt durch einen Sprung, welcher der Vernunft seines Standpunktes widerspricht. Aber, weil er eben immer noch ein Mensch ist, muß er den Sprung vollziehen, besonders wenn er sich verliebt.

Von diesem Zeitpunkt an kann man in Picassos Werk die Veränderungen seiner Bilder wahrnehmen, je nachdem er verliebt war oder nicht. Später zum Beispiel, als er sich in Olga verliebte und sie heiratete, stellte er sie in höchst menschlicher Weise dar ... Ich möchte nicht sagen, daß seine anderen Gemälde nicht großartig seien. Er ist ein großer Maler, aber er ist ein Mensch auf verlorenem Pfad. Es gelang Picasso nicht, das gesetzte Ziel einer Darstellung des Allgemeinen zu erreichen und seitdem ist sein ganzes Leben eine Reihe von Spannungen gewesen. Als seine Liebe zu Olga schwand, veränderte sich sein Werk wiederum. Vor wenigen Jahren sah ich einige seiner Werke, als er sich von neuem verliebt hatte, diesmal in Jacqueline. Ich sagte damals: „Picasso ist in einem neuen Stadium, er liebt diese Frau". In der Tat heiratete er sie kurz danach — seine zweite Ehe. So drückt er in den Bildern von Olga und Jacqueline, im Gegensatz zu fast allen seinen anderen Arbeiten, den irrationalen Sprung in der symbolischen Sprache seiner Gemälde aus, aber es handelt sich um denselben irrationalen Sprung, den andere in Worten formulieren.

Beiläufig sollten wir erwähnen, daß Salvador Dali in derselben Weise vorging, indem er aus der christlichen Kunst entlehnte Themen malte, als er den Sprung vom alten Surrealismus zu seinem neuen Mystizismus machte. In seinem späteren Werk malte er christliche Symbole, um deren unterschwelligen Wert (mehr als den ausdrücklichen Sinn) zu gebrauchen, ähnlich wie auch die moderne Theologie. Auch hier ist kein wesentlicher Unterschied. Die Grundlage ist ein Sprung, und eine echte Mitteilung wird durch die den Assoziationseffekt christlicher Symbole vorgetäuscht.

### LEONARD BERNSTEIN

Wie wir sehen, stehen wir heute einem nahezu einheitlichen Konzept von Zwiespalt und Sprung gegenüber. Sobald wir den Sprung als unumgänglich hinnehmen, dann ist es gleichgültig, was „oben" ist, in welchen Begriffen oder gar symbolischen Systemen der obere Bereich ausgedrückt wird. So bezeichnete Leonard Bernstein, in seiner Symphonie „*Kaddish*“[1]), die Musik als Hoffnung für den oberen Bereich. Das Wesen des modernen Menschen liegt darin, daß er eine zweischichtige Situation annimmt, in welchen Worten oder Symbolen diese auch immer zum Ausdruck kommt. Im Raum der Vernunft ist der Mensch tot, und seine einzige Hoffnung ist ein Sprung in ein Gefilde, das einer vernunftgemäßen Betrachtung verschlossen ist. Zwischen diesen beiden Ebenen gibt es keinen Berührungspunkt.

## PORNOGRAPHIE

Auch die modernen pornographischen Schriften lassen sich in dieser Weise erklären. Gewiß hat es immer solche Werke gegeben, aber die neuartigen sind besonders geprägt. Es ist nicht nur Schmutzliteratur wie es sie zu allen Zeiten gab — unter den heutigen pornographischen Büchern finden wir manche philosophischen Darlegungen. Das bestätigt auch ein Mann wie Henry Miller, wenn er behauptet, daß rational und logisch gesehen selbst der Sexus tot ist, und wenn er dann in späteren Schriften in einen Pantheismus überspringt, von dem er einen sinnvollen Lebensinhalt erhofft.

Ein anderer Wesenszug der modernen pornographischen Literatur zeigt sich in den Werken von Terry Southern, Autor von *Candy* und *Der magische Christ.* Trotz Schmutz und zersetzendem Einfluß macht er ernst zu nehmende Erklärungen. Candy wird „Candy Christ“ genannt. Das ist bezeichnend. Der Autor zerschlägt den christlichen Standpunkt. Was aber setzt er an seine Stelle? In der Einführung zu dem Buch *Schriftsteller in der Revolte*[2]) argumen-

[1] Kaddish Symphony 1963 (Columbia KL 6005)

[2] Writers in Revolt. Berkeley Publ. Comp. New York 1963

tiert er wie folgt: Er nennt die Einleitung: „Der Ethik des Goldenen Zeitalters entgegen“, und zeigt wie der moderne westliche Mensch auseinanderfällt. Er weist auf die nur psychologische Orientierung des modernen Menschen hin. Ein besonders treffender Satz über die psychologische Ausrichtung unserer Kultur ist dieser: „Ihr tieferer Sinn, im Vergleich zu den vor unserem Jahrhundert gültigen Zielsetzungen von Philosophie und Zivilisation, ist überwältigend, denn er läuft darauf hinaus, daß es keine Verbrechen mehr gibt, der Begriff von Verbrechen wird abgeschafft.“ Er will damit nun freilich nicht sagen, daß es keine Verbrechen mehr gibt. Er meint, durch die psychologische Orientierung werde der Begriff „Verbrechen“ aufgehoben. Was auch immer geschehen mag, es wird weder als Verbrechen noch als ein moralisches Unrecht angesehen.

Gläubige Christen haben die Neigung, solche Menschen abzuschreiben, und dann wundern sie sich, wenn sie den modernen Menschen nicht verstehen können. Tatsächlich sind diese Leute die Philosophen unserer Zeit. An unseren Universitäten sind die Lehrstühle der Philosophie weitgehend unbesetzt. Die Philosophie wird von Männern dieser modernen Welt, wie Southern, geschrieben. Wer die eben zitierte Einleitung zu Ende liest, dem bleibt über diesem schrecklichen Schriftstück der Atem weg. Er möchte aufschreien und fragen: „Gibt es denn überhaupt noch einen Halt?“ Das Unerhörte kommt am Ende der Einleitung, wo der Autor erklärt, dieses pornographische Material würde geschrieben in der Hoffnung, daß daraus schließlich eine Ethik für das goldene Zeitalter hervorgehen werde.

Somit werden nun auch die pornographischen Schriften in den oberen Bereich gelegt. Die Pornographie erscheint als der letzte Ausweg — der Sprung in die Freiheit. Sie zerschlagen die Totenstarre des unteren Bereichs. Sie wollen ihre Tyrannei nicht. Und wenn diese Schriften natürlich auch sehr viel Schund enthalten, gibt es doch solche, die sich ernsthaft mit diesem Problem auseinandersetzen, mit der Hoffnung, daß die Pornographie ein neues Zeitalter herbeiführt. Hier gelangen Rousseau und der Anspruch auf autonome Freiheit zu ihrem natürlichen Abschluß. Erinnern wir uns noch an die dualistische Teilung der Renaissance, die so aussah:

Lyrik — geistige Liebe

---

Erzählung und Scherzdichtung (Pornographie)

Jetzt aber hat sich der rationalistische Humanismus logisch weiterentwickelt zu einer völligen Spaltung zwischen dem oberen und dem unteren Bereich.

Autonome Pornographie
als einzige Hoffnung auf Freiheit für den Menschen

---

Rationalität — der Mensch ist tot

Dies ist wiederum ein Mystizismus ohne ein persönliches Gegenüber, ein Mystizismus, der der Rationalität ins Gesicht schlägt. Nichts ist da, und doch, von einer Sehnsucht getrieben — weil er nach dem Bilde Gottes geschaffen ist — unternimmt der Mensch diese über seine Kräfte gehenden Verzweiflungsschritte bis hin zu der Hoffnung, von der Reeperbahn könnte ein goldenes Zeitalter ausgehen.

Vor kurzem erschien ein ernsthaftes pornographisches Werk, in dem sich eine Frau, weil es keinen Gott gibt, in die Hände eines Mannes begibt, um sich von ihm schlagen zu lassen. Das Werk unterstreicht ausdrücklich, daß sie gerade deshalb jemand braucht, der ihr das Gefühl gibt, zu jemandem zu gehören. Diese Menschen sind total verzweifelt. Sie haben kein liebendes Gegenüber. Es ist ein Kampf um Leben und Tod. Wenn wir die Menschen lieben, so ist dies die Zeit, ihnen verständnisvoll zu begegnen. Es ist keine Zeit für kleinkarierte Spiele, keine Zeit, unvermerkt in dieselbe Denkform der Dualität hineinzufallen.

## DAS ABSURDE THEATER

Dieselbe Neigung zur Verzweiflung finden wir im absurden Theater wieder. Die Betonung des Absurden erinnert uns an die ganze Struktur des Sartreschen Denkens. Der Mensch ist ein tragischer Witz im Rahmen der totalen kosmischen Absurdität. Er ist in die Welt geworfen mit Bestrebungen, für die es in seinem Lebensraum, rational gesehen, keine Erfüllung gibt. In der Darstellung des absurden Theaters führt dieser Ausblick über Sartre hinaus. Wenn Sartre sagt, daß die Welt absurd ist, sagt er das mit normalen Worten und mit normalen Sätzen. Das absurde Theater jedoch gebraucht absichtlich anomale Syntax und entwertet die Worte, um noch lauter zu schreien, daß alles absurd ist.

Martin Esslin, bekannt durch seine Arbeit am britischen Rundfunk, hat über dieses Thema ein Buch mit einer sehr interessanten Einleitung geschrieben: *Die Absurdität des Absurden*[1]). Er zeigt drei Stufen im absurden Theater. Auf der ersten Stufe wird dem Bürgertum zugerufen: Wach auf! Du hast lange genug geschlafen. Weckt ihn, kippt sein Bett und gießt, mit Hilfe des absurden Theaters, einen Eimer kalten Wassers über ihn. Dann, sobald er wach ist, schau ihm fest in die Augen und sage ihm, daß nichts da ist. Das ist die zweite Stufe. Es gibt aber noch eine dritte, wiederum ein Mystizismus im oberen Bereich. Es ist der Versuch einer Beeinflussung unter Umgehung der Denkkategorien (communication „above" communication). Dieser Versuch ist eine Parallele zu den Happenings und Environments, die auf Marcel Duchamp

[1] The Theatre of the Absurd (Anchor Books, New York, 1961)

zurückgehen, zum Bombardement der Sinne durch elektronische Musik, zu den extremen Filmen, zu den psychodelischen Zügen in den neueren Schallplatten der Beatles und zu einigen Punkten in den Theorien über „cool communication“ von Marshall McLuhan. Hier ist nicht der Ort, dieses Thema im einzelnen zu behandeln[1]). Es ist meine Überzeugung, daß diese Kommunikation „außerhalb“ von Kommunikation, ohne inneren Zusammenhang mit dem Rationalen, zwar keinen Inhalt mitteilen kann, aber als ein Werkzeug der Manipulation ernst zu nehmen ist. Wie dem auch sei, wir sehen von den drei Stufen des absurden Theaters deren zwei, die zum Pessimismus führen, während die dritte wiederum ein mystischer Sprung ist, der sich in keiner Weise aus den zwei ersten ableiten läßt.

---

1 Vgl. dazu mein Buch *Kirche am Ende des 20. Jahrhunderts*, Genf, Wuppertal, S. 104f, 108f.

## 6. Kapitel

# WAHNSINN

Wir haben das Thema Sprung noch nicht erschöpft. Es taucht noch in anderen Gebieten auf. Hier ist ein kürzlich veröffentlichtes Buch von Michel Foucault *„Schizophrenie und Zivilisation“*[1]) von Bedeutung. Unter der Überschrift „Zum Lob des Wahnsinns“ nimmt Stephen Marcus von der Universität Columbia in der *New York Review of Books* (3. November 1966) dazu Stellung: „Wogegen Foucault sich eigentlich wendet, ist die Autorität des Verstandes ... Hierin vertritt Foucault eine bedeutende Richtung des zeitgenössischen fortschrittlichen Denkens. Indem er die transzendenten Kräfte unseres rationalen Verstandes in Zweifel zieht, hat er eine entscheidende Wahrheit unserer Zeit erfaßt — nämlich das Versagen des neunzehnten Jahrhunderts, seine Versprechungen zu erfüllen.“ In anderen Worten, die Erben der Aufklärung hatten versprochen, sie würden auf der Grundlage des Rationalen eine ganzheitliche Antwort finden. Foucault stellt richtigerweise fest, daß dieses Versprechen unerfüllt geblieben ist. Der Rezensent fährt fort: „Deshalb, unter anderem, wendet sich Foucault schließlich an die irren und halbirren Künstler und Denker unserer Zeit ... Durch ihre Äußerungen wird die Welt angeklagt; vermittels ihrer Narrheit dramatisiert die Sprache ihrer Kunst die Schuld der Welt und zwingt diese, sich selbst zu erkennen und ihr Bewußtsein neu auszurichten. Man kann die Wucht und die Wahrheit dieser Bemerkungen nicht mit gutem Gewissen ableugnen. Sie erfassen einen Zug der intellektuellen Situation unserer Zeit — eine Zeit, die sich selbst betrachtet als jenseits von allem, jenseits der Moderne, jenseits der

---

[1] Madness and Civilization, Pantheon, New York 1966

Geschichte, jenseits der Gesellschaft, jenseits der Psychologie ... Wir haben die Denksysteme des neunzehnten und zwanzigsten Jahrhunderts verworfen und verbraucht, ohne sie durch neue Wahrheiten übertroffen oder etwas entdeckt zu haben, das ihrer Größe entspräche und ihren Platz einnehmen könnte."

In anderen Worten, die Rationalisten haben keinerlei Einheitsformel oder irgendeine Aussicht auf eine vernunftgemäße Lösung gefunden. So sehen wir, daß Foucault den Gedanken Rousseaus bis zu ihrem Ende folgt: Der autonomen Freiheit letztes Wort ist der Unsinn. Es ist herrlich, verrückt zu sein, denn dann bist du frei.

Das Nicht-rationale — Wahnsinn ist wahre Freiheit

Das Rationale — Der Mensch ist tot

Es mag eingewendet werden, daß die von Foucault und seinem Rezensenten vertretene Ansicht allein steht und daher als völlig übertrieben unbedeutend sei. Und doch ist der ernsthafte Gebrauch von Rauschgift eine selbstauferlegte und, wie man hofft, vorübergehende Geisteskrankheit. Die Auswirkungen des Giftrausches und der Schizophrenie sind erstaunlich ähnlich, dies wird von vielen Süchtigen eingesehen — und es sind heute buchstäblich Tausende, die der Droge frönen. *Newsweek* (6. Februar 1967) berichtet von Hippies, die in San Franzisco nach der Melodie: „We shall overcome" (Wir werden überwinden, Standardlied der Bürgerrechtspioniere), die Worte singen: „Wir sind alle verrückt."

Foucault ist nicht gar so weit von Aldous Huxley entfernt. Er ist nicht als ein Sonderling zu betrachten, dessen Einsicht in die Verhältnisse unserer Zeit, und dessen Verständnis vom Ausgang von Zwiespalt und Zerrissenheit, bedeutungslos wäre. Das logische Ende der Dichotomie, in welcher die Hoffnung von der Vernunft getrennt wird, ist die Preisgabe aller Vernunft.

Diese nahezu fugenlose Denkwelt ist in Film und Fernsehen ebenso wahrnehmbar wie in den schon berührten Bereichen. Die begabten Filmregisseure von heute — Bergman, Fellini, Antonioni, Slesinger, die Avantgarde des Filmwesens in Paris, oder die Doppel-Neos in Italien, verbreiten grundsätzlich alle dieselbe Botschaft. Die Leute fragen oft, was denn besser sei — das amerikanische oder das britische Fernsehen. Nun, was wird gewünscht — Unterhaltung bis zur Selbstaufgabe oder geschickter Totschlag? Das scheint die Alternative zu sein. Die Sendungen der BBC sind insofern besser, als sie ernsthafter sind, aber auch sie sind weitgehend von der Denkweise des zwanzigsten Jahrhunderts durchdrungen. Zufälligerweise hörte ich in einer Sendung des britischen Fernsehens einen gewissen vulgären Ausdruck. Das war ganz unverkennbar ein bewußtes Abweichen von den alten Regeln. Hätte ich jedoch die Wahl gehabt, dann würde ich lieber *zehntausendmal* ein Schmutzwort gehört haben, als die für den Zuschauer nahezu unbewußte Einträufelung der Denkweise des zwanzigsten Jahrhunderts, ohne den Gebrauch solcher Worte zu erleiden. Das wirklich Gefährliche liegt darin, daß den Menschen diese neue Mentalität beigebracht wird, ohne daß sie ermessen können, was eigentlich vor sich geht. Deshalb ist diese Denkweise unter den weniger gebildeten Massen ebenso verbreitet wie bei den Intellektuellen.

Bergmann erklärt, in seinen ersten Filmen versucht zu haben, den Existentialismus zu lehren. Dann kam er — wie Heidegger vor ihm — zu der Ansicht, diese Philosophie sei unzureichend. Daher schuf er einen Film — *Das Schweigen* — der eine radikale Änderung brachte. *Das Schweigen* ist eine Darstellung der Überzeugung, daß der Mensch wirklich tot ist. Damit hat er eine neue Art Film eingeführt — das Auge der Kamera schaut einfach das

Leben an und beschreibt es als sinnlos in nicht-menschlicher Ausdrucksweise. Der Film zeigt eine Folge von Szenen, mit denen keinerlei menschliche Aussage verbunden ist.

Diese Anschauung finden wir bei den sogenannten „*Black Writers*", den nihilistischen Schriftstellern unserer Tage. Sie gab dem Buch von Truman Capote *Kaltblütig* seine Bedeutung. Einer der Punkte, den fast alle Kritiker in Capotes Werk wahrgenommen haben, ist das Fehlen eines moralischen Urteils. Es berichtet einfach — er nahm die Mordwaffe auf und beging die Tat — dieselbe Art des Berichtes, die ein Computer, verbunden mit einer Kameralinse, darüber geben könnte. Viele erwarten von dem Film *Das Schweigen* und dem Buch *Kaltblütig* sowie von anderen Werken der avantgardistischen Schriftsteller, die Eröffnung einer ganz neuen Ära in Film und Literatur. Um welche Art von Film und Literatur aber handelt es sich? Da sind keine Werturteile, keine menschlichen Züge, nur Wahrnehmungen, die eine Kamera oder ein Computer machen könnten. Da ist nur die Feststellung, daß der Mensch im unteren Bereich tot ist.

Die am meisten aufsehenerregende filmische Darbietung ist jedoch nicht der Todeszustand des Menschen im unteren Bereich, sondern die wuchtige Darstellung des Menschseins oberhalb der Linie, nach dem Sprung. Der erste Film in dieser Richtung war *Letztes Jahr in Marienbad*. Das ist nicht nur eine Vermutung von mir. Der Regisseur hat selbst erklärt, daß der Film diese Situation zeigen sollte. Dies ist der Sinn der langen, endlosen Korridore und des Fehlens jeglichen Zusammenhanges in dem Film. Wenn der Mensch unterhalb der Linie tot ist, so ist er oberhalb, nach dem nicht-rationalen Sprung, aller Kategorien beraubt. Es gibt dort keine Kategorien, weil diese von Rationalität und Logik abhängig sind. Es steht somit keine Wahrheit im Gegensatz zur Nichtwahrheit, auch nicht Gutes gegen Böses — haltlos treiben wir dahin.

*Julia und die Geister* ist, unter anderen, ein weiterer Film von dieser Art. Ein Student in Manchester sagte mir eines Tages, er wollte sich *Julia und die Geister* noch zum drittenmal ansehen, um endlich herauszuschälen, was in dem Film Wirklichkeit und was Phantasie sei. Zu jener Zeit hatte ich den Streifen noch nicht gesehen, ich sah ihn aber später in einem kleinen Künstlertheater in London. Hätte ich ihn vorher gesehen, wäre mein Rat für den jungen Mann der gewesen, sich nicht weiter zu bemühen. Man könnte zehntausendmal hingehen und würde es doch nicht herausfinden. Der Film ist mit Absicht so gestaltet, daß der Zuschauer verhindert wird, objektive Wirklichkeit und Phantasie zu unterscheiden. Er enthält keine Kategorien. Niemand kann erkennen, was an ihm Wirklichkeit oder Illusion, psychologisch oder wahnsinnig ist!

Antonionis Film *Blow Up* ist eine neuere Darstellung derselben Botschaft, die Zeichnung des modernen Menschen in einem oberen Bereich ohne Kategorien. Er unterstreicht ganz besonders diesen Punkt: Das Fehlen von Kategorien ist der Grund, weshalb es nach Annahme der Zweispaltung unwesentlich ist, was wir in den oberen Bereich verlegen.

### MYSTIZISMUS IM OBEREN BEREICH

Der Mystizismus ohne persönliches Gegenüber, wie wir ihn oben bezeichnet haben, ist folglich ein Mystizismus ohne Kategorien. Deshalb ist es gleichgültig, ob wir im oberen Bereich religiöse oder nicht-religiöse Begriffe, Symbole der Kunst oder Pornographie verwenden.

Derselbe Grundsatz kennzeichnet die neue Theologie — nicht nur der Mensch ist unterhalb der Linie tot, sondern auch Gott ist unterhalb der Linie tot. Die „Gott-ist-tot"-Theologen sagen ganz klar: „Warum sollen wir im oberen Bereich von Gott reden, wenn wir doch nichts über ihn aussagen können. Sagen wir doch ganz ehrlich, daß Gott tot ist." Auf dem Hintergrund von Allgemeinbildung und Kultur, den wir oben gezeichnet haben, können wir verstehen, warum diese Theologen des Spieles müde sind. Warum sich mit all diesen Gott-Begriffen abquälen? Warum nicht gleich sagen, alles ist vorbei, wir nehmen die rationale Folgerung des unteren Bereiches an, daß Gott tot ist.

So kann die derzeitige liberale Theologie wie folgt dargestellt werden

| | |
|---|---|
| Nicht-rational | „Gott" nur noch als Chiffre<br>nichts Erfaßbares in bezug auf Gott<br>kein persönlicher Gott |
| Rational | Gott ist tot<br>der Mensch ist tot |

Im oberen Bereich, dem eben beschriebenen leeren Raum, können die modernen Theologen sich überhaupt nicht mehr vorstellen, daß der Begriffsinhalt, der durch das *Wort* Gott angedeutet wird, sich auf irgendeine wirkliche und wahre Substanz beziehen könnte. Alles, was sie haben, ist eine semantische Antwort auf Grund einer Assoziation. Oberhalb der Linie hat die neue Theologie eben nichts als das philosophische Andere, das unendliche, unpersönliche Alles. An dieser Stelle aber nähert sich das westliche Denken sehr stark dem des Ostens. Der moderne Theologe hat den einzigartigen unendlich-persönlichen Gott der biblischen Offenbarung und der Reformation verloren. Die liberale Theologie der derzeitigen Denkwelt hat nur „Gott"-*wörter* als Ersatz.

T. H. Huxley hat sich in all dem als scharfsichtiger Prophet erwiesen. Schon 1890[1] erklärte er, daß eine Zeit kommen werde, in der die Menschen den Glauben jeglichen

---

[1] Science and Hebrew Tradition vol. 4 of Huxley's Collected Essays (Macmillan, London 1902)

Inhaltes entleeren würden und dies ganz besonders in bezug auf die biblischen Berichte der vorabrahamischen Zeit. So führte er aus: „Losgelöst von irgendwelchem Sachverhalt, steht der Glaube jetzt und immerdar erhaben und jedem Angriff des Ungläubigen unzugänglich.“ Weil die moderne Theologie die Dichotomie angenommen und die Religion aus der Welt des Nachprüfbaren entrückt hat, befindet sie sich heute in der Lage, die Großvater Huxley voraussah. Die neue Theologie unterscheidet sich jetzt wenig von dem Agnostizismus oder sogar dem Atheismus der neunziger Jahre.

So ist also die Sphäre des Glaubens heute in den Raum des Nichtrationalen und Nichtlogischen als Gegensatz zum Rationalen und Logischen, in das Gebiet des Unnachweisbaren als Gegensatz zu den nachweisbaren Tatsachen versetzt. Die modernen Theologen gebrauchen assoziationsreiche Wörter anstelle von definierten Wörtern — Wörter als Symbole ohne jede Definition im Gegensatz zu wissenschaftlichen Symbolen, die sorgfältig bestimmt sind. Der Glaube ist unbestreitbar, weil er irgend etwas sein kann — er läßt sich in keiner Weise in normalen Begriffskategorien erörtern. Vor Jahrhunderten hat Thomas in seinem theologisch-philosophischen System autonome Abteilungen errichtet. Die heutige, moderne Theologie ist das Endergebnis.

## JESUS, DAS UNDEFINIERTE BANNER

Das Wort Jesus wird von der „Gott-ist-tot“-Schule immer noch verwendet. So sieht zum Beispiel Paul van Buren in *Reden von Gott in der Sprache der Welt*[1]) ein Problem der heutigen Zeit darin, daß das Wort „Gott“ tot ist. Er führt weiter aus, daß wir durch diesen Verlust doch nicht ärmer seien, da wir ja alles was wir brauchten, in dem

[1] Zwingli-Verlag Zürich 1965

Menschen Jesus Christus hätten. Jesus erweist sich aber hier als ein nicht-definiertes Symbol. Das Wort wird gebraucht, weil es im Gedächtnis der Menschheit verwurzelt ist. Es ist der Humanismus mit einem religiösen Banner, das den Namen Jesus trägt, welchem aber jeder beliebige Inhalt verliehen werden kann. Wir sehen somit, wie diese Männer ganz unvermittelt das Wort Jesus wegen seiner Assoziationen in den oberen Bereich verschoben haben. Einmal mehr bemerken wir, daß es keine Rolle spielt, welches Wort — selbst biblische Wörter — wir im oberen Bereich unterbringen, wenn unser Denksystem den Sprung als Mittelpunkt hat.

Das Nicht-Rationale — → Jesus

* * *

Das Rationale — Gott ist tot

Dies unterstreicht ausdrücklich, wie vorsichtig der Christ sein muß. Im *Weekend Telegraph* vom 16. Dezember 1966 spricht Marghanita Laski von sich neu entwickelnden Arten der Mystik und sagt: „Wie wäre überhaupt nachzuweisen, ob sie echt oder unecht sind?“ Sie faßt ihre Darlegung darin zusammen, daß die religiösen Fragen aus der Welt des Diskutierbaren herausgenommen und in den Bereich des Nichtdiskutierbaren verschoben würden, wo jede beliebige Behauptung ohne Sorge um Beweis und Gegenbeweis aufgestellt werden kann.

Die gläubigen Christen müssen besonders wachsam sein, denn mehrere Lehrer aus ihren Kreisen haben in jüngerer Zeit die Ansicht geäußert, daß es nicht nötig sei, Aussagen des Glaubens zu beweisen oder in Frage zu stellen, das einzig wesentliche sei eine Begegnung mit Jesus. Wenn ein Christ solches behauptet, hat er, bewußt oder unbewußt, den Schritt nach oben getan.

Das Nicht-Rationale — Begegnung mit Jesus

* * *

Das Rationale — Kein Versuch einer Beweisführung

Wenn wir meinen, dem Druck der heutigen Auseinandersetzung zu entrinnen, indem wir die kategorischen Aussagen der Schrift abschwächen und lediglich das Wort „Jesus“ oder „Erfahrung“ über die Linie setzen, dann stehen wir vor dieser Frage: Worin besteht der Unterschied zwischen unserem Tun und dem Vorgehen der säkularen Welt mit ihrem semantischen Mystizismus, oder dem Treiben der modernen Theologie? Zumindest geben wir dem Gedanken Einlaß, es sei ein und dasselbe. Ganz gewiß werden in der nächsten Generation Männer sein, die versuchen, alle Unterschiede zu verwischen.

Wenn also die Begriffe im oberen Bereich von der Vernunft gelöst sind, wenn die Heilige Schrift in ihren Aussagen über den Kosmos und die Geschichte als jeder Beweisführung verschlossen betrachtet wird, warum sollen dann die Begriffe des Evangeliums im oberen Bereich eher angenommen werden als die der modernen, radikalen Theologie? Nach welchem Maßstab kann noch eine Entscheidung getroffen werden? Warum könnte es nicht ebensogut eine Begegnung unter dem Namen Vischnu sein? In der Tat, warum sollten wir nicht im Rauschgift eine Erfahrung suchen, und dabei ganz auf den Gebrauch von solchen Worten verzichten? Es ist unbedingt notwendig, daß wir das moderne System als Ganzes durchschauen und die Tragweite der Dualität — der zwei Ebenen —, der Dichotomie — des Zwiespalts — und des Sprunges ermessen. Der Begriffsinhalt des oberen Bereiches kann, wie wir gesehen haben, mancherlei Formen annehmen — sei es religiös — sei es weltlich — sei es schmutzig oder sauber. Das eigentliche Wesen des Systems hat zur Folge, daß die Art der „oben“ verwendeten Worte — selbst ein so viel geliebtes Wort wie „Jesus“ — ohne Bedeutung ist.

Ich bin jetzt soweit gekommen, daß ich jedesmal, wenn das Wort „Jesus“ erklingt — das mir wegen der Person des historischen Jesus und seines Werkes so viel bedeutet — besonders sorgfältig hinhöre, weil ich das Wort

„Jesus“ zu meiner Betrübnis mehr fürchte als irgend ein anderes Wort in der modernen Welt. Das Wort wird als inhaltloses Spruchband verwendet, dem unsere Generation nachfolgen soll. Es hat aber keinen rationalen, schriftgemäßen Gehalt mehr, anhand dessen es geprüft werden kann; so wird das Wort gebraucht, um das volle Gegenteil von dem zu lehren, was Jesus lehrte. Die Menschen werden aufgerufen, dem Wort mit einer hochgespielten Begeisterung zu folgen und dies ganz besonders in der neuen Moral, die hinter der neuen Theologie einherschreitet. Es ist jetzt Jesus-ähnlich, mit einem Mädchen oder einem Mann zu schlafen, wenn sie oder er dich braucht. Solange man nur versucht mitmenschlich zu bleiben, ist es Jesus-ähnlich, mit der anderen Person zu schlafen, selbst um den Preis — wohlvermerkt —, daß man dabei gerade die von Jesus gelehrte Moral bricht. Diese Menschen machen sich aber nichts daraus, denn die Moral Jesu gehört in das Gebiet des rationalen biblischen Inhaltes im unteren Bereich.

Wir sind damit in die beängstigende Lage gekommen, in der das Wort „Jesus“ zum Feind der Person Jesu geworden ist und zum Feind von dem, was Jesus lehrte. Wir müssen das inhaltlose Banner mit dem Wort „Jesus“ fürchten, nicht weil wir Jesus nicht lieben, sondern eben weil wir ihn lieben. Wir müssen dieses inhaltlose Spruchband, das mit seiner tiefen, im Gedächtnis der Menschheit verwurzelten Bedeutung für die Zwecke der soziologischen Ordnung und Beherrschung gebraucht wird, entschlossen bekämpfen. Wir müssen auch unsere geistlichen Kinder dazu auffordern.

Diese sich beschleunigende Tendenz bringt mich zu der Frage, ob Jesus, als Er sagte, daß auf die Endzeit hin andere Christusse auftreten würden, nicht diese Entwicklung im Auge hatte. Wir dürfen niemals vergessen, daß der große Feind, der kommt, der anti-Christ ist. Er ist nicht der anti-Nicht-Christus, er ist der anti-Christus. Seit einigen Jahren wird das Wort „Jesus", vom Inhalt der Heiligen Schrift losgelöst, mehr und mehr zum Feind des geschichtlichen Jesus, des Jesus, der starb und auferstand, der wiederkommt und der der ewige Sohn Gottes ist. So wollen wir vorsichtig sein. Wenn gläubige Christen in die Zwiespältigkeit abgleiten und die Begegnung mit Jesus vom Inhalt der Schrift (einschließlich des Diskutier- und Prüfbaren) trennen, dann sind wir, wenn auch ohne Absicht, im Begriffe, uns selbst und die nächste Generation in den Mahlstrom des modernen Systems zu werfen. Dieses System umgibt uns als ein fast monolithischer Meinungsblock.

## 7. Kapitel

# RATIONALITÄT UND GLAUBE

Wir wollen jetzt einige Folgen erläutern, die sich ergeben, wenn Glaube und Rationalität einander in unbiblischer Weise gegenübergestellt werden.

Die erste Konsequenz aus dem Verlegen der christlichen Lehre in einen oberen Bereich betrifft die Moral. Hier stellt sich die Frage, wie wir zwischen dem Christentum von „droben" eine Beziehung zu dem unteren Bereich der Moral im täglichen Leben herstellen können. Die Antwort lautet einfach: Es ist nicht möglich. Wie wir gesehen haben, sind im oberen Bereich keine Kategorien vorhanden, und so können von dort auch keine Lebensregeln geliefert werden! Infolgedessen ist heute eine christusähnliche Handlungsweise lediglich das, was die allgemeine Meinung in der Kirche oder die vorherrschende Ansicht der Gesellschaft in dem speziellen Belang als wünschenswert ansieht. Ist die Spaltung einmal vollzogen, läßt sich in der wirklichen Welt keine wahre Moral mehr aufrechterhalten. Was bleibt, sind lediglich relative Verhaltensregeln.

Die zweite Auswirkung dieser Trennung ist der Verlust einer ausreichenden Grundlage für die Rechtswissenschaft. Das ganze reformatorische Rechtsgefüge gründete sich auf die Tatsache, daß Gott eine reale Offenbarung gegeben hat, die bis in die Dinge des täglichen Lebens hinabreicht. Im alten Gebäude des schweizerischen Bundesgerichtes in Lausanne befindet sich ein eindrucksvolles Gemälde von Paul Robert mit dem Titel: *Die Gerechtigkeit unterweist die Richter*. Im Vordergrund dieses großen Wandgemäldes sind verschiedene Streitfälle zu sehen — die Frau wider den Mann, der Architekt wider den Baumeister, und andere mehr. Wie sollen nun die Richter zwischen ihnen

Recht sprechen? So wird in einem reformierten Land Recht gesprochen, will Paul Robert aussagen. Er stellt die Gerechtigkeit dar, die mit der Spitze ihres Schwertes auf ein Buch zeigt, welches die Worte trägt: Das Gesetz Gottes. Für den Menschen der Reformation gab es eine Grundlage für das Gesetz. Der moderne Mensch hat nicht nur die christliche Theologie verworfen, er hat sogar die Möglichkeit ausgeschlossen, Moral und Rechtsprechung auf eine Grundlage zu stellen, wie unsere Vorväter sie besaßen.

Des weiteren wird die Antwort auf das Problem des Bösen weggeworfen. Die christliche Erklärung gründet sich auf den geschichtlichen, das heißt in Raum und Zeit stattgefundenen wirklichen und vollständigen Sündenfall. Thomas' Irrtum war die Lehre vom teilweisen Sündenfall. Der richtige christliche Standpunkt ist, daß zu einem bestimmten Zeitpunkt in der Geschichte ein unprogrammierter Mensch eine Entscheidung getroffen und sich tatsächlich gegen Gott aufgelehnt hat. Wer diese Lehre beiseite schiebt, sieht sich der tiefgründigen Äußerung von Baudelaire gegenübergestellt: „Wenn es einen Gott gibt, so ist er der Teufel", oder dem Wort von Archibald MacLeish in seinem Theaterstück *J. B.*: „Wenn er Gott ist, kann er nicht gut sein, wenn er gut ist, kann er nicht Gott sein". Ohne die christliche Antwort, daß Gott einen verantwortungsbewußten Menschen in einem sinnvollen Geschichtsablauf geschaffen hat, und das Böse das Ergebnis der Auflehnung Satans und der nachfolgenden geschichtlichen Revolte des Menschen in Raum und Zeit ist, bleibt nichts anderes übrig, als Baudelaires Worte unter Tränen zu bejahen. Wenn wir die historische christliche Erklärung verwerfen, können wir nur noch den Sprung in den oberen Bereich tun und behaupten, Gott sei, allem Verstand zum Trotz, dennoch gut. Es ist zu bemerken, daß wir einer Illusion verfallen, wenn wir die Dualität in der Meinung annehmen, dadurch dem Konflikt mit der modernen Kultur und dem modernen Denken zu entgehen. Nur wenige Schritte weiter und wir befinden uns an der gleichen Stelle wie unsere Zeitgenossen.

Als vierte Konsequenz dessen, daß wir das Christentum in den oberen Bereich hinaufheben, begeben wir uns der Möglichkeit, die Menschen, die wirklich in der Geistesverfassung des zwanzigsten Jahrhunderts leben, in ihrer mißlichen Lage mit dem Evangelium zu erreichen.

Der moderne Mensch harrt sehnsüchtig auf eine andere Antwort als die Antwort seiner Verdammnis. Er hat die Trennungslinie der Hoffnungslosigkeit und die Zweispaltung nicht angenommen, weil er es gerne wollte. Er war auf Grund des naturgemäßen Ablaufes seiner rationalistischen Denkvoraussetzungen dazu gezwungen. Oft mag er tapfer reden, im Grunde aber *ist* es Verzweiflung.

Das Christentum hat deshalb die Gelegenheit, klar zu sagen, daß seine Antwort in der Tat das eine enthält, was der moderne Mensch zu hoffen aufgegeben hat: Die Einheit des Denkens. Es bietet eine ganzheitliche Antwort für die Gesamtheit des Lebens. Es ist wahr, daß der Mensch seinen Rationalismus aufgeben muß, doch findet er dann, auf der Basis des logisch Diskutierbaren, die Möglichkeit, seine Rationalität wieder zu gewinnen. Es wird jetzt klar, weshalb ich weiter oben so nachhaltig den Unterschied zwischen Rationalismus und Rationalität unterstrichen habe. Der moderne Mensch hat die letztere verloren. Er kann sie aber mit einer umfassenden Antwort auf alle Lebensfragen wiederfinden, auf dem Boden dessen, was nachgeprüft und im Gespräch erörtert werden kann.

Es ist zu bedenken, daß wir Christen, wenn wir uns in dem Fallstrick verfangen, vor dem ich warnte, uns unter anderem in der Lage befinden, mit christlichen Worten dasselbe auszusprechen, was der Ungläubige mit seinen Worten sagt. Um dem modernen Menschen wirklich entgegenzutreten, müssen wir von der Zwiespältigkeit frei sein. Wir brauchen die Heilige Schrift, deren Aussagen wahre Wahrheit sind, sowohl in bezug auf Gott selbst als auch auf den Gebieten, wo die Bibel die Geschichtsforschung und die Naturwissenschaft berührt. Das hatten unsere Väter in der Reformation so gut begriffen.

Auf der Seite der Unendlichkeit sind wir, wie schon oben bemerkt, völlig von Gott getrennt, auf der Seite der Persönlichkeit aber sind wir nach dem Bilde Gottes geschaffen. So kann Gott von sich selbst zu uns sprechen — nicht erschöpfend, aber wahrheitsgemäß. (In der Tat können wir als endliche Kreaturen nichts erschöpfend erkennen.) Darüber hinaus hat er auch über Dinge in der endlichen, geschaffenen Welt zu uns gesprochen. Er hat uns Wahrheit über Weltall und Geschichte mitgeteilt. Wir sind also nicht einfach Wind und Wellen preisgegeben.

Diese Antwort können wir uns aber nur aneignen, wenn wir das reformatorische Schriftverständnis festhalten. Es kann nicht von der Offenbarung Gottes in Jesus Christus allein die Rede sein, weil diese Aussage, wenn sie von der Schrift getrennt ist, nicht genug Inhalt hat. Sie wird wiederum ein anderes inhaltloses Spruchband, denn alles, was wir von jener Offenbarung wissen, kommt von der Schrift. Jesus selbst machte keinen Unterschied zwischen seiner Autorität und der Autorität des geschriebenen Wortes. Er setzte voraus, daß seine Autorität und der Inhalt der Heiligen Schrift eine Einheit bilden.

In all dem ist ein persönliches Element enthalten. Christus ist der Herr über alles — über jeden Bereich des Lebens. Es hat keinen Sinn zu sagen, er sei Alpha und Omega, der Anfang und das Ende, Herr über alle Dinge, wenn er nicht der Herr meines ganzen intellektuellen Lebens ist. Ich bin unaufrichtig oder verworren, wenn ich von der Herrschaft Christi singe und doch versuche, in meinem Leben autonome Bereiche zu behalten. Das trifft zu, wenn mein Sexualleben autonom ist, es ist aber zumindest ebenso wahr, wenn mein intellektuelles Leben — vielleicht auch nur in einem sorgfältig ausgesuchten Gebiet — autonom ist. Jegliche Autonomie ist falsch. Autonome Wissenschaft oder autonome Kunst sind verkehrt, wenn wir darunter eine Wissenschaft oder Kunst verstehen, die sich vom Inhalt der göttlichen Offenbarung frei halten. Dies bedeutet nicht, daß Wissenschaft oder Kunst statisch sein müssen — ganz im Gegenteil. Die Schrift gibt uns den Rahmen, innerhalb dessen wir, obwohl begrenzt, Freiheit haben können. Wir können Wissenschaft und Kunst nicht in den Rahmen eines autonomen unteren Bereiches stellen, ohne zu dem tragischen Ergebnis zu kommen, das die Geschichte immer wieder gezeigt hat. Wir haben gesehen, wie in jedem Fall, in welchem das niedere Element autonom wurde, ganz gleich unter welcher Bezeichnung, es nicht lange dauerte, bis das höhere Element verschlungen war. Nicht nur Gott verschwand, sondern auch die Freiheit und der Mensch.

## DIE BIBEL SPRICHT FÜR SICH SELBST

Oft werde ich gefragt: „Wie kommt es, daß Sie fähig zu sein scheinen, sich mit diesen Avantgardisten zu verständigen? Es gelingt Ihnen, so zu sprechen, daß Sie verstanden werden, auch wenn Ihr Wort nicht immer Zustimmung findet." Das mag auf mehreren Gründen beruhen. Einer aber liegt darin, daß ich versuche, sie an das biblische System und seine Wahrheit heranzuführen, ohne ihnen zuzumuten, die biblische Autorität blind annehmen zu müssen — das heißt, daß wir glauben sollten, nur weil unsere Eltern glaubten, oder als hätte der Verstand in der Sache nichts zu suchen.

Auf diesem Wege bin ich selbst Christ geworden. Ich hatte mehrere Jahre lang eine „liberale" Kirche besucht. Es wurde mir klar, daß die einzig mögliche Antwort auf das, was ich hörte, Agnostizismus oder Atheismus sei. Ich meine, daß ich — auf der Basis der liberalen Theologie — nie in meinem Leben eine konsequentere Entscheidung getroffen habe. Ich wurde Agnostiker, und dann begann ich zum erstenmal die Bibel zu lesen — um sie der griechischen Philosophie, die ich damals las, gegenüberzustellen. Ich tat dies aus einem Anliegen der Redlichkeit, denn ich hatte das, was ich für Christentum hielt, abgelehnt, ohne jemals die Bibel durchgelesen zu haben. Im Verlaufe von etwa sechs Monaten wurde ich ein Christ, weil ich überzeugt wurde, daß die volle Antwort aus der Bibel für die Probleme, die ich bis dahin kannte, allein zureichend war, und dies auf eine besonders fesselnde Weise.

Ich neigte stets dazu, bildhaft zu denken, und so stellte ich mir oft meine Probleme wie Ballons vor, die in der Luft schweben. Wohl kannte ich damals die Grundprobleme des menschlichen Denkens noch nicht so, wie ich sie heute kenne. Als ich dann zur Bibel kam, fand ich das Faszinierende (es ist auch jetzt noch faszinierend) darin, daß sie die Probleme nicht eines nach dem anderen herunterschießt, wie ein Geschütz, das Ballons abschießen würde. Zu meinem Erstaunen beantwortete sie die Fragen in der Weise, daß ich, trotz meinem begrenzten Wesen, am Boden stehen und ein Kabel festhalten konnte, das alle Probleme verband und in einem System zusammenfaßte, innerhalb des Rahmens von all dem, was die Bibel als Wahrheit bezeichnet. Immer wieder habe ich meine persönliche Erfahrung bestätigt gefunden. Es ist möglich, das von der Bibel gelehrte System auf den Marktplatz der menschlichen Ideen zu bringen und es dort für sich selbst sprechen zu lassen.

Es ist beachtenswert, daß das System der Bibel einen einzigartigen Unterschied zu allen anderen aufweist, weil es das einzige System in Religion oder Philosophie ist, das erläutert, warum der einzelne tun darf, was alle tun müssen, nämlich bei sich selbst beginnen. Tatsächlich gibt es keinen anderen Weg des Anfanges, als von uns selbst auszugehen — jeder Mensch sieht durch seine eigenen Augen — und doch steckt hier ein echtes Problem. Wie begründe ich den Anspruch, hier zu beginnen? Kein anderes Lehrsystem erläutert mein Recht, dies zu tun. Die Bibel aber gibt mir eine Antwort auf die Frage, warum ich das tun darf, was ich tun muß, nämlich bei mir selbst beginnen.

Die Bibel sagt zunächst, daß am Anfang alle Dinge von einem persönlich-unendlichen Gott geschaffen wurden, einem Gott, der schon immer existiert hat. Alles, was ist, ist daher dem Wesen nach eher persönlich als unpersönlich. Ferner erklärt die Bibel, daß Er alle Dinge außerhalb von sich selbst geschaffen hat. Der Ausdruck „außerhalb von sich selbst" ist, so glaube ich, die beste Formel, um den Menschen des zwanzigsten Jahrhunderts die Schöpfung begreiflich zu machen. Diese Umschreibung ist nicht in einem räumlichen Sinn zu verstehen, sondern sie dient dazu, die Vorstellung auszuschließen, daß die Schöpfung irgendeine pantheistische Erweiterung von Gottes Wesen sei. Gott existiert — ein persönlicher Gott, der schon immer existiert hat — und er hat alle Dinge außerhalb von sich selbst geschaffen. Weil also das Weltall einen wahrhaft persönlichen Anfang hat, so stehen Liebe und Kommunikation (die zwei großen Sorgenlasten auf den Herzen unserer Zeitgenossen des zwanzigsten Jahrhunderts) nicht im Gegensatz zu dem, was im Wesen bereits vorhanden ist. Das Universum hat einen persönlichen Anfang, im Gegensatz zu einem unpersönlichen Ursprung, und deshalb steht das Sehnen des Menschen nach Liebe und Mitteilung nicht im Widerspruch zu dem, was wesenseigentlich ist. So ist die Welt eine wirkliche Welt, weil Gott sie wahrhaftig außerhalb seiner selbst geschaffen hat. Was er geschaffen hat, besitzt objektive Realität, somit besteht ein wirklicher, geschichtlicher Ablauf von Ursache und Wirkung. Es gibt eine wirkliche Zeit und es gibt ein wirkliches Ich.

In diesen geschichtlichen Rahmen hat Gott — nach dem Wort der Bibel — den Menschen in besonderer Weise, nämlich nach seinem eigenen Bilde geschaffen, hineingestellt.

Wenn ich es nicht wahrhaben will, daß die wesensmäßige Beziehung des Menschen nach oben deutet, so muß ich meine Suche nach unten richten. Auf dieser Stufe ist es heute aber schon reichlich altmodisch, eine Verwandtschaft mit dem Tier anzunehmen. Der moderne Mensch unserer Zeit sucht sein Verhältnis bei der Maschine.

Die Bibel lehrt aber, daß meine Abstammungslinie nicht nach unten zu führen braucht. Sie führt nach oben, denn ich bin nach dem Bilde Gottes gemacht. Der Mensch ist nicht eine Maschine.

Wenn wir den wesensmäßig persönlichen Ursprung der Welt verwerfen, welche Alternative bietet sich uns dann an? An dieser Stelle muß ganz deutlich gesagt werden, daß es in diesem Fall keine andere, letzte Antwort gibt als die, daß der Mensch ein Produkt des Unpersönlichen, plus Zeit, plus Zufall ist. Niemand hat auf dieser Grundlage die Entstehung der Persönlichkeit erklären können, wenn auch viele, wie zum Beispiel Teilhard de Chardin, es versucht haben. Es kann nicht gelingen. Die Folgerung, daß wir das natürliche Produkt des Unpersönlichen plus Zeit plus Zufall sind, ist die einzig mögliche Aussage; es sei denn, wir stellen die Persönlichkeit an den Anfang. Niemand hat nachweisen können, wie Zeit plus Zufall eine qualitative Umwandlung des Unpersönlichen in das Persönliche bewirken können.

Wenn dem so wäre, befänden wir uns in einer hoffnungslosen Klemme. Die Aussage der Bibel aber, daß der Mensch nach dem Bilde eines persönlichen Gottes geschaffen ist, gibt uns einen Ausgangspunkt. Kein humanistisches System hat dem Menschen eine Rechtfertigung dafür geben können, daß er von sich selbst ausgeht. Die Antwort der Bibel ist völlig einzigartig. Sie gibt zur gleichen Zeit die Begründung, warum ein Mensch das tun kann, was für ihn gegeben ist, nämlich bei sich selbst beginnen, und weist ihn hin zu einem angemessenen Bezugspunkt, dem unendlichen persönlichen Gott. Dies steht im totalen Gegensatz zu anderen Systemen, in denen der Mensch von sich selbst ausgeht, ohne zu wissen, ob er ein Recht hat, bei sich selbst zu beginnen oder die Richtung zu kennen, in der er vorwärts kriechen soll.

VON MIR SELBST AUSGEHEND UND DOCH ...

Wenn wir über die Möglichkeit des Menschen sprechen, von sich selbst auszugehen, um den Sinn des Lebens und der Welt zu verstehen, so müssen wir sorgfältig definieren, was wir damit meinen. Es gibt zwei verschiedene Vorstellungen der Erkenntnis, die wir getrennt halten müssen. Die erste ist die rationalistische oder humanistische Vorstellung, nämlich daß der Mensch von sich ausgehend völlig unabhängig und autonom von allem anderen, eine Brücke zur letztlichen Wahrheit schlagen kann — das wäre, als wollte er von sich aus eine Auslegerbrücke über eine unendlich weite Kluft bauen. Dies ist nicht möglich, weil der Mensch endlich ist und als solcher keinen Zielpunkt hat, nach welchem er sich mit Gewißheit ausrichten kann. Von sich selbst ausgehend, hat er keine Möglichkeit, taugliche Allgemeinbegriffe aufzustellen. Sartre hat dies klar erkannt, wenn er aus der erfolglosen Suche nach einem Bezugspunkt im Unendlichen den Schluß zieht, daß alles absurd sein muß.

Die andere Vorstellung ist die christliche. Sie besagt, daß der Mensch, weil er nach dem Bilde Gottes geschaffen ist, von sich selbst ausgehen kann — nicht als unendliches Wesen, aber als Persönlichkeit. Dazu kommt die wichtige Tatsache (wie wir noch sehen werden), daß Gott dem gefallenen Menschen ein inhaltsreiches Wissen gegeben hat, das er so verzweifelt braucht.

Die Tatsache, daß der Mensch gefallen ist, bedeutet nicht, daß er aufgehört hat, Gottes Bild zu tragen. Er hat nicht aufgehört, ein Mensch zu sein, weil er gefallen ist. Trotz seines Falles kann er lieben. Es wäre ein großer Irrtum zu sagen, daß nur ein Christ lieben könne. Auch ein nichtchristlicher Maler kann immer noch Schönheit malen. Und weil sie diese Dinge immer noch tun können, offenbaren die Menschen, daß sie Träger des Bildes Gottes sind. Oder, um es anders auszudrücken, sie erweisen damit ihr einzigartiges Menschsein als Menschen.

So ist es wirklich eine wunderbare Tatsache, daß der Mensch, der durch den Sündenfall so verdreht, so verdorben und verloren ist, immer noch ein Mensch bleibt. Er ist weder eine Maschine noch ein Tier, noch eine Pflanze geworden. Die Zeichen des Menschseins sind noch an ihm zu erkennen — Liebe — Verstand — die Frage nach dem Sinn des Lebens — die Furcht vor der Nichtexistenz. Dies ist selbst dann der Fall, wenn sein nicht-christliches System ihn lehrt, daß diese Dinge gar nicht existieren. Durch diese Züge unterscheidet er sich vom Tier, von der Pflanzenwelt und von der Maschine. Anderseits, wenn er nur autonom von sich selbst ausgeht, ist es ganz klar, daß er als endliches Wesen niemals irgendeine absolute Antwort erreichen kann. Dies wäre allein schon auf Grund seiner Endlichkeit der Fall, dazu kommt aber, seit dem Sündenfall, die Tatsache seiner Auflehnung. In der Empörung verdreht er das Zeugnis des Bestehenden — das äußere Universum und seine Gestalt und das Menschsein des Menschen.

## DIE QUELLE DER ERKENNTNIS, DIE WIR BRAUCHEN

Auf diesem Hintergrund bezeugt die Bibel in eigenen Worten, was sie selbst ist. Sie stellt sich selbst vor als Gottes Mitteilung der Wahrheit in festen Aussagen, in menschlicher Sprache geschrieben für solche, die nach seinem Bilde geschaffen sind. Von der Voraussetzung des Gesetzes der Naturkausalität in einem geschlossenen System ausgehend, würden sowohl das weltliche als auch das unbiblische, theologische Denken unserer Zeit sagen, daß solches unmöglich sei. Und trotzdem bleibt das Selbstzeugnis der Bibel das, was es ist. Wir können, zum Beispiel, das

Geschehen am Sinai betrachten[1]). Moses sprach zu dem Volk: Ihr sahet, ihr hörtet. Was sie (neben anderen Dingen) hörten, war eine lehrhafte, in menschliche Sprache gekleidete Mitteilung von Gott zum Menschen, in einer historischen, in Raum und Zeit bestimmten Situation. Das war nicht irgendeine inhaltlose, existentielle Erfahrung, nicht ein anti-intellektueller Sprung. Wir finden die genau gleiche Art der Mitteilung im Neuen Testament, so zum Beispiel als Christus auf der Straße nach Damaskus Paulus in hebräischer Sprache anredete[2]). So sehen wir, auf der einen Seite, welche Art von Mitteilung in faßbaren Aussagen Gott in der Schrift gibt und, auf der anderen Seite, an wen diese Mitteilung in Lehrsätzen gerichtet ist.

Die Bibel lehrt uns, daß auch der hoffnungslos verlorene Mensch doch nicht ein Nichts ist. Der Mensch ist verloren, weil er von Gott, seinem eigentlichen Orientierungspunkt, durch wirkliche, moralische Schuld getrennt ist. Er wird aber niemals ein Nichts sein. Darin liegt das Grauenvolle seines Verlorenseins. In all seiner Einzigartigkeit und seinem Adel verloren zu sein, ist tief tragisch.

Wir wollen die Leistungen des Menschen nicht bagatellisieren — die Errungenschaften der Naturwissenschaft zum Beispiel zeigen, daß der Mensch kein Schrott ist, obwohl die Ziele, die er mit seiner Technik anstrebt, uns beweisen, wie verloren er ist. Unsere Vorväter, auch wenn sie glaubten, daß der Mensch verloren ist, zweifelten nicht an seiner Entscheidungsfähigkeit. Der Mensch ist in der Lage, den Lauf der Geschichte zu beeinflussen, einschließlich seiner eigenen Ewigkeit und derjenigen seiner Mitmenschen. So gesehen ist der Mensch, als Mensch, etwas Wunderbares.

Im Gegensatz dazu gibt es den Rationalisten, der sich entschlossen in den Mittelpunkt des Universums gesetzt hat. Er beharrt darauf, autonom mit der Erkenntnis zu begin-

---

1 5. Mose 5, 23. 24

2 Apostelgeschichte 26,14

nen, die er sich erringen kann und findet sich selbst am Ende sinn- und bedeutungslos. Er kommt zu demselben Punkt wie der Zen-Buddhismus, der so treffend die Anschauung des modernen Menschen ausdrückt: „Der Mensch geht ins Wasser und verursacht keine Wellen." Die Bibel sagt, daß er Wellen hervorruft, die *niemals* ausschwingen. Als Sünder hat der Mensch keine Möglichkeit, die von ihm ausgehenden Einflüsse selektiv zu bestimmen. Er hinterläßt böse und auch gute Spuren in der Geschichte, aber ganz gewiß ist er keine Null.

Das Christentum ist ein System, das aus einer Reihe von Gedanken besteht, mit denen man sich auseinandersetzen kann. Mit dem Begriff „System" soll hier nicht eine scholastische Abstraktion gemeint sein, und dennoch wollen wir nicht auf dieses Wort verzichten. Die Bibel entwickelt nicht unzusammenhängende Gedanken. Ihr System hat einen Ausgangspunkt und baut sich von daher in einer Weise auf, die keine Widersprüche enthält. Der Ausgangspunkt ist die Existenz eines unendlichen persönlichen Gottes als Schöpfer von allem anderen. Das Christentum ist nicht nur eine vage Sammlung von nicht-mitteilbaren Erlebnissen, die sich auf einen völlig unnachprüfbaren „Sprung ins Dunkle" gründen. Weder die Bekehrung (der Anfang des christlichen Lebens) noch die Heiligung (das Wachsen im Glauben) sollten solch ein Sprung sein. Beides steht in fester Beziehung zu dem Gott, der wirklich da ist, und zu der Erkenntnis, die er uns gegeben hat — und beide umfassen den ganzen Menschen.

## DIE „SPRUNG-INS-DUNKLE"-MENTALITÄT

Der moderne Mensch ist in seine jetzige Lage geraten, weil er eine neue Haltung zur Wahrheit eingenommen hat. Nirgend ist dies deutlicher und mit so tragischen Auswirkungen festzustellen als auf dem Gebiet der modernen Theologie.

Um diese neue Einstellung zur Wahrheit in der richtigen Perspektive zu sehen, wollen wir noch zwei andere Wahrheitsauffassungen betrachten: Zunächst die der Griechen und dann die der Juden. Auf das Ganze gesehen war die griechische Wahrheitsauffassung ein fein ausgewogenes metaphysisches System, das in sich selbst in allen Punkten harmonisch war. Die jüdisch-biblische Vorstellung der Wahrheit ist anders. Nicht, daß die rationale Auffassung der Griechen den Juden unwichtig gewesen wäre, denn sowohl das Alte als auch das Neue Testament stehen auf dem Boden des verstandesmäßig Diskutierbaren, der jüdische Geist jedoch suchte nach einem festeren Grund. Diese festere Grundlage war der Rückgriff auf die Geschichte — die Geschichte, die in Raum und Zeit stattgefunden hat, die sich schriftlich festhalten und als Geschichte erörtern ließ.

Die moderne Wahrheitsauffassung sucht zwischen die griechische und jüdische Auffassung einen Keil zu treiben. Sie tut dies jedoch an der falschen Stelle. Die Vertreter der modernen Anschauung behaupten, die Griechen hätten eine rationale Wahrheitsordnung gehabt und die Juden wären Existenzialisten gewesen. Auf diese Weise versuchen sie, die Bibel für sich in Anspruch zu nehmen. Dies ist wohl klug angelegt, aber völlig falsch. Die jüdische Auffassung unterscheidet sich von der griechischen insofern, als sie in der Raum-Zeit-Geschichte wurzelt und eben nicht nur ein ausgewogenes System ist. Trotzdem steht die jüdisch-biblische Auffassung der Wahrheit der griechischen Auffassung viel näher als der modernen, denn sie leugnet das nicht, was das Menschsein des Menschen ausmacht — die Sehnsucht nach Rationalität, das Denken in logischen Formen und die Beweisführung auf Grund der Antithese.

Zweierlei müssen wir festhalten, wenn wir heute das Evangelium verkünden wollen, ob wir nun zu uns selbst, zu anderen Christen oder zu den völlig außenstehenden Menschen sprechen.

Zum ersten gibt es gewisse wahre und unwandelbare Tatsachen, die vom Hin und Her der Meinungen unberührt bleiben. Sie machen das christliche System zu dem, was es ist und, wenn sie verändert werden, so wird aus dem Christentum etwas anderes. Dies muß betont werden, denn es gibt heute gläubige Christen, die in aller Aufrichtigkeit um ihren Mangel an Überzeugungskraft besorgt sind. Bei dem Bemühen, die Kluft zu überbrücken, neigen sie dazu, das zu wandeln, was unverändert bleiben muß. Wenn wir solches tun, dann teilen wir nicht mehr das Christentum mit, und was übrig bleibt, unterscheidet sich von der allgemeinen Gesinnung in keiner Weise mehr.

Wenn wir jedoch nur hierbei bleiben, ist das Bild unfertig. Wir müssen uns darüber klar werden, daß wir einer sich rasch wandelnden historischen Situation gegenüberstehen und wir müssen die gegenwärtige Fluktuation der Denkformen kennen, wenn wir den Menschen das Evangelium ausrichten wollen. Tun wir das nicht, fallen die unveränderlichen Lehren des Christentums auf taube Ohren. Und wenn wir die Intellektuellen und die breiten Arbeitermassen, beides Gruppen, die außerhalb unserer mittelständischen Kirchen stehen, erreichen wollen, dann müssen wir, auch um den Preis tiefster Anfechtung, darum ringen, wie wir das Ewiggültige in einer sich wandelnden historischen Situation verkünden können.

Es ist nun freilich viel behaglicher, das Evangelium auch weiterhin in wohlvertrauten Redewendungen dem Mittelstand darzubieten. Und doch wäre das ebenso falsch als hätte zum Beispiel Hudson Taylor seine Missionare mit der Anordnung nach China gesandt, nur einen der drei verschiedenen Dialekte dieses Volkes zu erlernen. In diesem Fall hätte nur eine der drei Sprachgruppen das Evangelium hören können. Eine solche Hartherzigkeit Hudson Taylors ist unvorstellbar. Selbstverständlich wußte er, daß die Menschen nicht ohne das Werk des Heiligen Geistes in ihren Herzen zum Glauben kommen, und sein Leben war ein ständiges Ringen im Gebet, damit dies geschehe. Er wußte aber auch, daß die Menschen nicht glauben können, wenn sie das Evangelium nicht vernehmen. Jede Generation der Kirche hat im Rahmen ihrer Zeit die Pflicht, das Evangelium in verständlichen Begriffen zu vermitteln, unter Rücksicht auf die Sprach- und Denkformen der gegebenen Situation.

Tun wir das nicht, handeln wir an unserer eigenen Generation ebenso ungerecht und selbstsüchtig, als hätten die Missionare absichtlich nur einen Dialekt erlernt. Der Grund, weshalb wir bei der heranwachsenden Generation so wenig Gehör finden, liegt darin, daß wir uns nie bemüht haben zu verstehen, wie verschieden ihre Denkformen von den unsrigen sind. Durch den Lesestoff, die Ausbildung und das moderne Kulturbombardement der Massenmedien wird auch die Jugend des heutigen Mittelstandes durch und durch von der Einstellung des zwanzigsten Jahrhunderts ergriffen. Auf diesem entscheidenden Gebiet stehen christliche Eltern, Pfarrer und Lehrer vielen Jungen in der Kirche und der Mehrheit der Jugend außerhalb so kontaktlos gegenüber, als sprächen sie eine fremde Sprache.

So ist der Inhalt dieses Buches nicht lediglich Gegenstand einer intellektuellen Erörterung. Er ist nicht allein für Akademiker interessant. Er ist von ausschlaggebender Bedeutung für uns alle, denen die Verkündigung des Evangeliums im zwanzigsten Jahrhundert ein ernstes Anliegen ist.

## FREMDWÖRTERVERZEICHNIS

*Abstraktion* (lat. „Abziehung") Denkvorgang, der vom Einzelnen, Zufälligen absieht und das Allgemeine, Wesentliche heraushebt

*Agnostizismus* (gr. „unbekannt") Lehre von der Unerkennbarkeit des wahren Seins

*Antithese* (gr.) Gegensatz, Gegenbehauptung

*Assoziationswörter:* Wörter, welche Vorstellungen und Gefühle hervorrufen, die die definierte Bedeutung der betr. Wörter erweitern oder verändern. Auch *Chiffren* genannt.

*Aufklärung* Kultur- und Geistesbewegung vom 16.—18. Jh. Auf religiösen und politischen Autoritäten beruhende Anschauungen werden durch solche ersetzt, die menschlicher Vernunft standhalten

*Autonomie* (gr. autos = selbst, nomos = Gesetz) Eigengesetzlichkeit, Selbstgesetzgebung

*Axiom* (gr.) Grundsatz, der weder bewiesen werden kann noch muß

*Baptisterium* (gr.) Taufkirche

*Definition* (lat.) Begriffsbestimmung

*Determinismus* (lat.) Lehre von der Bestimmtheit des Weltgeschehens und aller menschlichen Lebensläufe durch psychische, chemische u. a. Faktoren.

*Dichotomie* (gr. Zweiteilung) Zwiespalt, Einteilung nach zwei Gesichtspunkten z. B. des Menschen nach Leib und Seele

*Dualismus* (lat. duo = zwei) Lehre, daß die Welt von zwei gegensätzlichen Wesenheiten oder Grundprinzipien beherrscht wird

*Environment* von frz. environs = Umgebung

*Evangelikale* die aus der Erweckungsbewegung des 19. Jh. hervorgegangenen schrift- und bekenntnistreuen kirchl. Gemeindekreise und Freikirchen

*Evolution* (lat.) allmähliche Entwicklung

*Existentialismus* Existenzphilosophie

*Happening* (engl.) Kunstveranstaltung eines in den 60er Jahren entstandenen Typs

*Humanismus* (lat.) Geistesbewegung des 15./16. Jh., die von einem neuen menschlichen Selbstbewußtsein ausgeht und den Menschen zum Ausgangspunkt aller Wertsetzung macht

*Kommunikation* (lat.) Mitteilung

*Metaphysik* (gr. „hinter dem Physischen") philosoph. Grundwissenschaft, in der alle philosophischen Disziplinen wurzeln. Ihr Thema: das Seiende

*Methodologie* Methodenlehre, die festlegt, wie Wahrheit und Erkenntnis gewonnen werden

*Monolith* (gr.) Denkmal aus Stein, Steinsäule

*Mystik* (gr.) Bemühung, das Übersinnliche und Göttliche durch Versenkung ins eigene Sein zu erfassen

*Natürl. Theologie* im England der Aufklärung entstandene freie religiös-philosophische Strömung

*Neuplatonismus* letzte Form der griech. Philosophie, 3.—6. Jh.

*Nihilismus* (lat. nihil = nichts) Standpunkt der absoluten Verneinung

*Normative Erkenntnis* normgebende Erkenntnis

*Noumenon* (gr.) Verstandesding, Gedankending

*Pornographie* (gr. von porne = Hure) unzüchtige Darstellung

*psychedelisch* von gr. psyche = Seele, delos = offenbar, deutlich

*Ratio, rational, Rationalität* (lat.) Vernunft, vernünftig, das Vernünftige

*Rationalismus, rationalistisch* Philosoph. Richtung, die Vernunft und die logische Ordnung der Dinge in den Mittelpunkt stellt, 17./18. Jh.

*Renaissance* (frz. „Wiedergeburt") vom Humanismus vorbereitetes neues Lebensgefühl, das sich der Antike verwandt fühlte, bestimmt im 15./16. Jh. Kunst, Wissenschaft, Philosophie

*Säkularisation* (lat.) Verweltlichung, seit 1648 Verwendung der kirchl. Institutionen und Klöster für weltl. Zwecke

*Scholastik* (lat. schola = Schule) Betrieb der Wissenschaft, Philosophie und Theologie im abendländ.-christl. Mittelalter. „Universalienstreit" während der Frühscholastik (9.—12. Jh.)

*Semantik* (gr.) Wortbedeutungslehre

*Surrealismus* (frz. sur = über) seit 1910 in Frankreich wirksame antirationalistische Geistesrichtung, welche die hinter der Wirklichkeit stehende Realität erfassen will

*Syntax* (gr.) Lehre vom Satzbau

*transzendent* (lat. transzendere = übersteigen) die Grenzen menschlicher Erfahrung übersteigend

*Universalien* (lat.) Allgemeinbegriffe (Gattung, Art, Unterart, Eigenschaft, Merkmal)

*Verifikation, verifizieren* (lat.) als wahr erweisen

*Vischnu* (Sanskrit „der Durchdringer") einer der Hauptgötter der Hindus

*Zen-Buddhismus* (Sanskrit „Meditation") buddhistische Sekte in China und Japan mit bestimmter Meditationspraxis